AF368013

Franck Pérez

Ayuda a los más necesitados:

El 5% de los derechos percibidos por el autor se donan a organizaciones de desarrollo como **lionsclubs**.org

Nº de registro: 201471369

ISBN papel: 978-84-686-6364-7

ISBN pdf: 978-84-686-6365-4

Registro de la Propiedad intelectual: M-002485/2014

Quisiera dar las gracias a mis padres Marcel, Santiaga, a mis hermanos Jacky, Gerald y Jonathan, a mi tia Françoise, a mi abuela "Mémé", a mi "Tata", a mi "Tati" Juliette y a tantos más que sin vosotros, no habré llegado a donde he llegado, ni haber logrado conquistar mis sueños. Hasta siempre.

Doy las gracias a mis amigos Juanito, Julián, Pedro, Daniel, Peri, Gioia… por vuestra paciencia, por arroparme en mis momentos de debilidad, durante mis cambios existenciales y haber vividos momentos increíbles. Os quiero. Sin olvidar también a los maestros, a las personas que me he ido encontrado en mis viajes, a los sabios que me han inspirado mediante sus sabidurías milenarias en los libros y a la gente que me queda por conocer. También doy las gracias a la vida, a sus momentos felices que han sido tantos, a mis años de estudios, de soledad buscada, a los tropiezos, a las vivencias que me ha tocado vivir, a los sin sabores, a las críticas, a las dudas que me ha hecho ser mejor todos los días, venciéndome a mí mismo y demostrarme a mis mismo de que sí, TODO es posible.

Por supuesto también a mi forma de ser; tanto en lo bueno como en lo malo, de naturaleza inquieta, curiosa y haber logrado formarme a mí mismo como siempre soñé ser.

Y por último, también a vosotros por brindarme la oportunidad de ayudaros a ser un Número 1 en Ventas.

Gracias a la Vida.

Canción de Violeta Parra

CONTENIDOS

- **PRIMER PODER**   <u>Conciencia</u>: El poder de Sentir.

- **SEGUNDO PODER**   ***Carpe Diem proactivo***: Hacer hoy para mañana.

- **TERCER PODER**   <u>Agradecimientos:</u> Dar las Gracias.

- **CUARTO PODER**   <u>Visión:</u> Utilización de todo nuestro potencial.

- **QUINTO PODER**   <u>Visualización Creativa:</u> Ganar antes de empezar.

PRÓLOGO:

Aunque no lo sepas, estimado lector, todos nosotros vendemos de forma inconsciente, sin querer. Por esto deberíamos utilizar de forma intencionada el proceso de la Venta en nuestras interacciones cotidianas, con la finalidad de marcar la diferencia y vender (nos) para conseguir lo que nos proponemos.

Desde la dependienta, al actor, pasando por el político, el fontanero, el camarero o la secretaria. Incluso, a la hora de buscar un empleo, tener un mínimo conocimiento en Venta es imprescindible, y más en esta época.

Por deducción, todas las profesiones de prestigio son fruto de años de formación y estudios. El mundo de la Venta no es una excepción. Este manual sintetiza lo esencial en técnicas de Venta, junto a sus poderes, y deja de lado el protocolo básico y elemental de vestimenta, educación, modales, vocabulario, de cultura general… En estos aspectos profundiza más mi primera obra *El Número 1 en Ventas*.

No se puede perder meses, e incluso años, esperando que «la calle» te enseñe a vender. Enviar a alguien al terreno comercial sin la debida preparación profesional, es tirar el dinero, y a la vez provoca frustración, dudas en las personas y en ti mismo.

Recuérdalo siempre: el dogma de la Venta se basa en 3 palabras, que son pilares fundamentales:

Escucha – Sonrisa – Acción

Bienvenido lector al mundo de la Venta…

Capítulo 1: PODERES

- <u>Primer Poder</u>: **Conciencia**. El poder de sentir.

Antes de comenzar, me parece oportuno dar la definición de esta palabra, según la Real Academia de la Lengua Española:

Sentir: Experimentar sensaciones producidas por causas externas o internas.

Quisiera avisarte de que este tema es sumamente importante, que se escapa a la ciencia, y está considerado como un tema espiritual, perteneciente a la metafísica.

El sentir, así como la intuición (el sexto sentido), sigue siendo meramente un concepto teórico, a veces censurado y siempre presente en el ser humano. Tú también puedes experimentar este poder si sabes cómo. ¿Inteligencia emocional? El conocimiento de esta capacidad, particularmente en el sector de la Venta, será de gran utilidad para los hombres. Un gran porcentaje del género femenino ha sabido desarrollar esta cualidad suprema.

Créeme, es extraordinario ser capaz de sentir; las palabras sobran, incluso los gestos corporales. Por ejemplo, solo con la mirada de tu papá, de tu mamá o bien de tu compañero sentimental, sabes cuál es su estado y lo que te quiere transmitir. Es percepción en estado puro. Imagínate cómo

sería tu vida diaria sintiendo a las personas al ver su rostro, su cuerpo, en su entonación cuando hablan… y poder averiguar su estado de ánimo, sus miedos, sus emociones, sus necesidades del momento, etc., para así ayudarles con tu producto o servicio. Incluso, de una manera más incondicional, aportarles apoyo y serenidad.

«La sabiduría consiste en saber cuál es el siguiente paso; la virtud, en llevarla a cabo». David Jordán.

Es bien sabido que el género masculino es más racional. Casi en el cien por cien de los casos, el hombre utiliza la parte izquierda del cerebro y la mujer el hemisferio derecho. El sentir y la intuición no tienen explicación pero están siempre presentes. Aprenderás en este libro a unificar y desarrollar con eficacia estas dos partes para que trabajen en sintonía con el fin de alcanzar el equilibrio y lograr unas ventas jamás pensadas. Por lo cual, es esencial aprender el arte de sentir.

«Intenta no volverte un hombre de éxito, sino volverte un hombre de valor». Albert Einstein

El sentir a las personas te ayudará a comunicarte con más empatía, a ponerte en sintonía con tu interlocutor. Te permitirá desplegar un estado óptimo para la Venta, junto a una natural simbiosis de comunicación verbal y no verbal. Conscientemente, conseguirás ponerte al mismo nivel que tu sujeto, manteniendo la misma respiración, la similitud en los gestos, en las posturas y generarás la debida empatía. Sintonía, amigo lector. Retomarás

este apartado más adelante en el arte de la oratoria de Horacio y la técnica de la Venta.

En este estado premiará la lucidez a la hora de averiguar lo que te pasa primeramente en tu interior para descubrir lo que ocurre en tu entorno. Como encontrarás en mi obra sobre la Profemocionalidad, en el capítulo de la relajación, es muy importante aprender a respirar para el control mental de los pensamientos. El sentir te ayudará a examinar los motivos que engendran esas avalanchas de incesantes pensamientos y erradicarlas con el siguiente poder: el del *Carpe Diem.*

Ejercicio práctico:

Párate un instante. **Sí. Ahora mismo**. Hazte esta sencillísima pregunta: ¿cómo me siento **en este preciso instante**? O bien, ¿cómo está mi cuerpo en este momento? ¿Qué me está pasando ya?

En esta ejecución consciente de tu mente, mientras te paras de forma voluntaria a pensar, te sucederán hechos relacionados con tu ser, de los que sacarás tus conclusiones. Ahí está la clave de este adiestramiento.

Después de haberte realizado una de estas preguntas, presta máxima atención a cómo reaccionan tus entrañas, tu estómago. Adéntrate dentro de él. Es decir, debes apagar tu cerebro y tus pensamientos. De manera voluntaria, desconecta tu cabeza para escuchar las señales provenientes de tu cuerpo.

<u>**Nota:**</u> es importante hacer un *switch off* de tu mente. Apagarla, metafóricamente hablando. Sí. Estás vivo por dentro.

Es recomendable que al comienzo de este ejercicio, tu concentración esté activada cuando estés relajado. ¿Qué sensación te provoca? ¿Qué te transmite? ¿Cómo te sientes? ¿Estás inquieto? ¿Sientes serenidad o te sientes intranquilo? ¿Te preocupa algo? ¿Estás nervioso?

Ahora dime, ¿cómo está reaccionando, cómo se manifiesta en este instante tu cuerpo a raíz de estas preguntas y respuestas?

Como es lógico, las señales que te mande el cuerpo te permitirán desvelar tu estado interno. Tan sencillo como esto. El cuerpo se manifestará en toda su grandeza y esplendor. Amigo mío, lo que se pone de manifiesto es tu alma, lo más profundo de tu ser.

Con el tiempo aprenderás a pararte de manera instintiva con la ayuda de la respiración, pero esta vez para evaluarte. Con este proceder, sabrás tomar conciencia de tu estado interno en cualquier momento y situación del día. Así, cuando notes que algo te incomoda, como la angustia o el miedo, y no sepas la causa de estos malestares, te concentrarás en tu cuerpo. Él es sabio y mediante sus señales, te ayudará a interpretarlos y poner remedio.

Te invito a que lo pruebes una vez y otra vez, incluso de manera tozuda, hasta que un día despierte dentro de ti ese poder y puedas sentir.

«La perseverancia es la virtud por la cual todas las otras virtudes dan su fruto». Arturo Graf

<u>**Recomendación:**</u> En primer lugar, antes de querer sentir lo que te rodea, es decir, a la gente e incluso a tus clientes potenciales, deberás aprender a sentir tu estado interior. Este reacciona por la relación causa-efecto. El cuerpo, en función de los estímulos y de la naturaleza de los pensamientos recibidos, reaccionará mediante gestos, posturas, entonaciones... Averígualo. Puede ser divertido ya que, de manera voluntaria, podrás jugar con él, provocándole a conciencia estados anímicos que quieras experimentar. Por ejemplo, ¿cómo reacciona mi cuerpo cuando estoy nervioso?, ¿me da por comer?, ¿o por rascarme los brazos ante una amenaza?, ¿qué siento y qué hago al respecto cuando estoy enojado?, ¿qué postura adopto cuando me siento feliz?

«Las sensaciones no son parte de ningún conocimiento, bueno o malo, superior o inferior. Son, más bien, provocaciones incitantes, ocasiones para un acto de indagación que ha de terminar en conocimiento». <u>John Dewey</u>

Hay otra parte del cuerpo que se manifiesta y que está relacionada estrechamente con el poder de sentir, de tu estómago, de tus entrañas. Esta parte es tu corazón.

Este también te habla, estimado lector, y te ayudará a tomar decisiones existenciales. Por desgracia, muy pocas veces eres consciente de ello. Por algún motivo la madre naturaleza te ha provisto de ese músculo tan sabio e inteligente. ¿No crees?

«Lo que hoy siente tu corazón, mañana lo entenderá tu cabeza».

<u>Anónimo</u>

La clave del ejercicio que viene a continuación es la de aprender a escuchar lo que dice tu corazón. Para ello lo compararé, a modo de metáfora, con una tormenta.

Ejercicio práctico:

Imagínate la dinámica que tiene un rayo; después de unos segundos, se oye el trueno. Pues ese lapsus de tiempo que separa el rayo del trueno, cuando todo parece estancarse, esos precisos y valiosos segundos son el momento en que te habla este prodigioso músculo. Ahí está el secreto de conectar con tu corazón. Como comprenderás no hay rayos ni truenos a diario, pero el ejercicio que te propongo para tomar conciencia de este secreto es el de utilizar tu respiración.

Para ello, después de inhalar oxígeno, realizarás una retención voluntaria de esa respiración; unos segundos serán necesarios para, antes de soltar el aire, escuchar la señal de tu corazón y después dar paso a la exhalación. En esa retención es cuando percibirás los latidos de tu corazón. Esos instantes en los que todo se detiene entre la inhalación y la exhalación, es el momento en que aparecerá un punto muerto. Ahí está la clave de este ejercicio. El número de segundos necesarios variarán en función de tu capacidad respiratoria, del tiempo que la puedas retener y de tu debida concentración. Quizá a ti, tres o cuatro segundos te sean suficientes; para otros serán necesarios diez o quince, e incluso más. Será en este *stand by* cuando tu corazón te hable mediante señales.

«La razón puede advertirnos sobre lo que conviene evitar; sólo el corazón nos dice lo que es preciso hacer».

Joseph Joubert

Aprende a escuchar cómo te late el corazón, la fuerza con la que palpita, la intensidad y el ritmo que posee. Cuando aprendas a percibirlo, este te transmitirá serenidad, alivio y autenticidad. En momentos de profunda desesperación, cuando te sientas entre la espada y la pared, estés apurado o te sientas preso del pánico, tu corazón te aportará consuelo dándote las respuestas que necesitas saber. Este te guiará, te aconsejará sabiamente a la hora de tomar delicadas decisiones y cuando tengas dudas existenciales. Intervendrán otros aspectos en esas decisiones, como la razón, el conocimiento, la pragmática,… de los que también deberás ser consciente y escuchar al que creas más apropiado según tus creencias.

« ¿Por qué buscáis la felicidad, oh, mortales, fuera de vosotros mismos?»
Boecio

Fíjate también en la emoción que estás experimentando; en el momento en que te pares, verás cómo se va alterando tu sistema, cómo va cambiando tu ritmo cardiaco, el pulso de tu corazón y cómo van variando estos latidos en función de tus pensamientos. Dime, ¿cómo está latiendo ahora tu corazón? Compara la intensidad de este, cuando estás tranquilo y cuando tienes miedo, o cuando estás relajado y cuando te anuncian una mala noticia. Lo comprobarás por tus propios latidos.

Con la práctica notarás cómo varía este latir en función de tus pensamientos, de tus emociones y así podrás asegurar tus decisiones para que sean acertadas en todos los aspectos de tu vida. **Atrévete a sentir. Ahora.** Utiliza tu imaginación, no para asustarte, sino para inspirarte y lograr lo inimaginable.

- <u>Segundo Poder</u>: ***Carpe Diem proactivo.*** Hacer hoy para mañana.

Aquí está otra pieza fundamental del puzle de tu nueva vida. Con el hábito adquirido ya en el capítulo anterior, ahora vas a entrar en una dinámica existencial: la de vivir este mismo instante. Este apartado transcendental va a estar dividido en tres partes graduales, con sus correspondientes ejercicios prácticos:

1ª. En primera instancia, complementarás el poder de sentir con este segundo poder del *Carpe Diem* para percibir los estados encauzados por el tiempo pasado y futuro en tu primer ejercicio práctico.

2ª. En segunda instancia, mediante las tres palabras mágicas de sanación, lograrás curar tu pasado, formar de manera adecuada tu futuro a través del segundo ejercicio práctico.

3ª. En tercera instancia, te centrarás en la manera de erradicar desde la raíz esos pensamientos que te hacen oscilar entre el pasado y el futuro para que puedas vivir en el presente. Hallarás tu tercer ejercicio práctico.

- 1ª. Dime, estimado compañero, ¿serías capaz de vivir este momento? Pensarás que es una pregunta tonta, ¿verdad? ¿Me podrías decir lo que significa vivir en el **presente**?

Se podría resumir este concepto en una sola frase: Para vivir y experimentar la vida hay que dirigir tu mente al momento presente, al que acontece ahora.

Las teorías de Freud y sus numerosos estudios y descubrimientos, le hicieron concluir que el pasado es nuestra identidad. Tus vivencias, tus experiencias, te han llevado a ser lo que eres hoy. Tiene sentido y lógica, ¿verdad?

Intenta realizar esta experiencia en este acto. Pruébalo. Esta comprobación puede suponerte un verdadero reto.

Ejercicio práctico:

Según vas leyendo estas palabras párate unos segundos. Sí. En este preciso instante. Dime, ¿cómo te sientes al recordar tu pasado? ¿Qué reacciones te provoca remontarte en el tiempo? ¿Qué ocurre en tu fuero interno al imaginar tu porvenir?

Pensarás que es parte de lo mismo que vimos en el apartado anterior. Y sí, tienes razón, pero esta vez, la acción va a derivar en la toma de conciencia del momento presente partiendo de la base de la enseñanza de sentir, a raíz del espacio y del tiempo.

Todo lo que eres a día de hoy, se lo debes a los elementos esenciales de tu manera de ser, de tu naturaleza, de tus hábitos, de tu carácter, de tus creencias, edificados a lo largo de tu pasado. Tu personalidad ha ido forjándose a raíz de tus traumas, de tus alegrías, de las sensaciones vividas. Probablemente, alguna de estas situaciones te siga paralizando hoy en día. Estos elementos son los desencadenantes de tus anhelos, de tus metas y sueños de futuro. Tienes motivos suficientes para ir a su encuentro

mediante la imaginación, que hace el tiempo que está por venir más esperanzador, liviano, dichoso, feliz y mejor que el presente.

«No perdamos nada del pasado. Sólo con el pasado se forma el porvenir».

- 2ª. Me preguntarás qué tiene que ver el hecho de analizar tu vida desde tu nacimiento con el **presente** y la Venta.

Resulta que todo lo que te ha ocurrido, sigue latente en ti, repercute de manera directa en tu día a día. Ejerce influencia en el grado, en tu calidad existencial, en tu actitud frente a la vida, y también en los resultados de tus ventas. No querer recordar tu pasado es la causa directa de los malestares que padeces en la actualidad. Estos te producen bloqueos emocionales que te limitan y te hacen incapaz de sanarlos de un modo adecuado.

La primera práctica para ser dueño de este poder reside en rememorar esas experiencias y afrontarlas. Se requiere una investigación propicia, un diagnóstico y un tratamiento para tomar cartas en el asunto y aliviar tu bagaje personal.

«Deberíamos usar el pasado como trampolín y no como sofá».

Harold *MacMillan*

El ejercicio que corresponde a este apartado te servirá para remover voluntariamente el agua turbia que te concierne, para averiguar lo que te limita a día de **hoy.** Te permitirá tener conciencia de los frenos para construir tu futuro. Sanarás las heridas del pasado, te liberarás y lograrás cumplir tus objetivos.

<u>Nota:</u> Antes de empezar con este nuevo poder, quisiera dejar bien claro que es necesario acudir a un profesional mental en el caso de que padezcas síntomas, dolencias y males psicológicos profundos relacionados con tu pasado. Desconozco tu bagaje psicológico y tu grado de padecimiento, pero encontrarás una técnica magnífica en el siguiente ejercicio que te permitirá superar dolencias y avanzar así en tu sanación. Deberás calibrar tu estado actual y tu disposición para sanar; el límite lo determinarás tú. En caso contrario, estos profesionales de la mente también te serán de ayuda para convertirte en el próximo número uno en ventas.

<u>El pasado:</u>

Cada uno lo lleva a cuestas en su mochila, sea bueno o malo, y este es personal, propio e inalterable.

Lo primero que debes hacer es **aceptarlo** tal como ha sido, **perdonarlo** y así **sanarlo**. Estas son las tres palabras mágicas que te quiero inculcar. El pasado es tu identidad. Lo has creado, lo has vivido a tu manera y se ha fundamentado a lo largo del tiempo, a través de tu educación, de tus padres, de tus amistades, de la sociedad. Recuerda que todo lo que te

haya pasado, es de gran utilidad como aprendizaje y te será también de gran ayuda, entre otras cosas, para ser el número uno en ventas. Amigo mío, esta es una verdad universal.

Con esta disposición mental encontrarás la actitud para sobrevivir, así como para afrontar tu pasado, **superarlo**, trabajarlo y encaminarte hacia la **sanación**. Sí. Hay una luz al fondo. El pasado está ahí. Está hecho y es intransferible e irremediable.

«No perdamos nada del pasado. Sólo con el pasado se forma el porvenir».

Anatole France

Estas tres palabras son la piedra angular de la liberación de tu cárcel emocional. Tienes que aprender a **aceptar** tu pasado tal como es, tal como ha sido. Debes **sanarlo**, es decir, curarlo desde la raíz. Son tan diversos los métodos que sirven de tapadera para las heridas... Las adicciones, la inmadurez, los antidepresivos, son placebos que causan las enfermedades mentales más típicas de nuestro siglo infeliz y doloroso.

Para ello, es fundamental eximirse de todo lo malo que te haya ocurrido en estos años, recordando tus acciones propias o las que te hicieron sufrir terceras personas. Estas vivencias se han ido instalando de manera inconsciente en tu cerebro. Esas emociones, de una manera u otra, te han hecho estremecer, y las has expresado en forma de sorpresa, alegría, miedo, ira o tristeza. En consecuencia, estas te han llevado a experimentar sentimientos de inseguridad, de pavor, de envidia, de irritación, de frustración, de amor, de humildad, de felicidad, etc., acordes con tus

experiencias vividas. El grado de afectación será determinante para tu diagnóstico, así como el perdón y tu posterior trabajo.

ACEPTAR - PERDONAR - SANAR.

Estas son las tres palabras con las que contarás para hacer frente a tu pasado.

Ejercicio práctico:

-Tu trabajo va a consistir, a la vez que compaginas este ejercicio con la vida cotidiana, en realizar una introspección interna para recordar tus posibles vivencias negras, aquellos momentos delicados que, con bastante probabilidad, en algún momento te hayan podido debilitar emocionalmente. Uno de los mejores consejos que te puedo dar es la de preguntar a las personas que más te conozcan, las que te han visto crecer y que saben de tu pasado: tu familia, tus amigos, tus conocidos, tus vecinos... La premisa es averiguar, curiosear y obtener las respuestas apropiadas a las preguntas que creas que son importantes. Estas personas te serán de gran ayuda a la hora de remontar en el tiempo, revivir esas situaciones personales con los cinco sentidos, de la manera más precisa posible.

- Después de esta recopilación informativa, darás paso al uso de estas tres palabras mágicas. Recuerda que cuanto más precisa sea esta información mejor será tu reconstitución emocional y la calidad de tu **sanación.**

Aceptarás el pasado tal como sucedió para así **perdonarlo, perdonarte** a ti mismo la manera en que fuiste en esas épocas de tu vida y **sanarte**.

Me preguntarás cómo lograrás sanarte. Pues será muy fácil, aunque esta afirmación pueda parecerte surrealista. Una vez realizado ese trabajo interior mediante las dos primeras palabras, la tercera, es decir, la **sanación,** llegará por sí sola de manera natural e instintiva, e irán encajando las piezas de tu puzle personal.

Estimado lector, es tu deber descubrir de forma consciente lo que arrastras, lo que te induce al desasosiego, liberándote de tus acciones tanto verbales como no verbales. Estas regresiones te permitirán aprender, cuestionar tus creencias e ir aligerando tu mochila. De modo voluntario te servirás de tu pasado para construir tu futuro positivamente. Ahí está la clave del éxito de este poder. **Acepta** tu pasado tal y como ha sido, **perdónalo** por haber sido así y **sánalo** de tal manera que tu bagaje emocional esté repleto solo de cosas buenas.

«Soy una parte de todo aquello que he encontrado en mi camino».

Alfred Tennyson

El futuro:

¿Acaso me podrías decir lo que va a pasar mañana? ¿Dentro de una semana? ¿De un mes?

El futuro es incierto. Pero pensar en el futuro con la ayuda de la imaginación, te permitirá programar un porvenir mejor que tu situación

actual, donde las responsabilidades de tu hogar, las preocupaciones por tus ventas, el miedo a un inminente despido, la posibilidad de perder un cliente o la incertidumbre del cierre de un contrato, están latentes. De estas amenazas intentarás protegerte en ocasiones posteriores. De ahí que esperes esos cambios en tu futuro, imaginando tu bienestar y nueva vida con tus bienes materiales, los inmateriales, el abandono de hábitos insanos... ¿Te das cuenta de que estos sucesos pueden realmente darse y ocurrir? ¿Está escrito? *Maktub?* ¿Sabes tu destino? ¿Sabes con exactitud lo que te va a pasar mañana? Amigo mío, te estás perdiendo el ahora.

«No me da miedo mañana, porque he visto ayer y me encanta hoy». William Allen White

Como verás más adelante en el apartado dedicado al poder de la visión, aprenderás a utilizar a tu favor este concepto del tiempo futuro para edificarlo de tal manera y conseguir tus sueños a corto, medio y largo plazo. El futuro no es predecible pero hoy sí podemos fomentar el cambio de rumbo de nuestro destino.

Por mi parte, tuve que proceder al uso de estas tres palabras mágicas para sanar la delicada relación con mi papá y aceptarlo tal como ha sido y tal y como es. Obsesiones, inquietudes, la insatisfacción, la depresión, la ira y el odio, me azotaron durante largos años por causa de esta relación, en el plano personal y profesional. Logré **aceptarle** con

humildad tal como era, me **perdoné** esa etapa vivida, le **perdoné** también a él con empatía y **sané**.

Con el tiempo, apareció en mi vida una palabra que me iba a cambiar para siempre: la proactividad. Me parece oportuno hacer hincapié en este término tan sabio y con tanto significado. Voy a aprovechar para darte la definición a continuación. Permíteme que la copie de la página de *Wikipedia*. Para tu información, esta palabra no está aceptada por la Real Academia Española.

«La **Proactividad** es una actitud en la que un sujeto u organización asume el pleno control de su conducta de modo activo, lo que implica la toma de iniciativa en el desarrollo de acciones creativas y audaces para generar mejoras, haciendo prevalecer la libertad de elección sobre las circunstancias del contexto. La proactividad no significa sólo tomar la iniciativa, sino asumir la responsabilidad de hacer que las cosas sucedan; decidir en cada momento lo que queremos hacer y cómo lo vamos a hacer».

Stephen R. Covey.

Admirable este señor.

El positivismo: El Yin y el Yang.

Todo es aprendizaje, amigo mío. El arte de pensar positivamente junto a la filosofía china del yin y el yang. Dentro de lo bueno, siempre hay algo malo y, dentro de lo malo, siempre hay algo bueno. Es primordial ser consciente de esta realidad para tenerla en cuenta en tu vida. Aunque todo

te vaya bien, siempre habrá algo negativo que será el detonante para mejorar. Tal como piensas, la manera en que afrontes la vida y la calidad de tus estados anímicos repercutirá en tu disposición. ¡Atraemos lo que transmitimos!

Voy a aprovechar para hacer un pequeño inciso. Para muchos, la creencia «piensa mal y acertarás» es universal. A mi juicio, es totalmente equivocada y contraproducente para tus intereses. Es importante la calidad que deben tener tus peticiones al realizarlas. Es elemental que tus requerimientos se transmitan de manera positiva. La palabra «NO» deberá estar prohibida. Al utilizarla, tu atención se focaliza en la acción de la negativa. Por esto es probable que atraigas de manera involuntaria lo contrario a tus fines.

Te pongo un ejemplo con esta frase: «No quiero que me traten mal». Para expresarla de forma idónea y del modo más acertado posible, tu demanda deberá manifestarse en positivo cambiándola por esta otra: «Quiero que me traten bien». Créeme, la retribución a la hora de demandarlas dependerá en gran parte del factor formal con el que expreses tu petición. Aquí te dejo otros ejemplos:

- No me gustaría hoy no vender. / Hoy quiero vender.

- No quiero sufrir. / Quiero disfrutar.

- No quiero estresarme. / Quiero relajarme.

- No quiero discutir. / Quiero dialogar.

- No quiero atarme. / Quiero ser libre.

- No quiero perder esta venta. / Quiero arreglar esta venta.

«La vida tiene su lado sombrío y su lado brillante; de nosotros depende elegir el que más nos plazca».

- 3ª. Dime una cosa. ¿Nunca has sentido miedo? ¿No te has atrevido a realizar un acto o un comentario por pavor a lo desconocido, a la repercusión de tus actos o miedo a las posibles reprimendas?

Este miedo puede adoptar diversas formas: desazón, preocupación, ansiedad, nervios, tensión, temor, fobia... Esta alarma siempre se refiere a algo que podría ocurrir, no a algo que ya está ocurriendo. Recuérdalo. **Tú estás aquí y en este preciso instante, mientras que tu mente está divagando entre el pasado y el futuro.**

Me preguntarás cómo hacer para prevenir el contagio de esos pensamientos incesantes. Estos, estimado amigo, como lo viste anteriormente, aparecen de forma inconsciente, de manera repentina. Se repiten y, controlados por tu mente, toman el mando sobre tu vida. En función de la naturaleza de tus pensamientos, estos influirán directamente en tu estado interno. Cuando estos sean negativos, deberás ser aún más consciente de ellos y poner en práctica el siguiente ejercicio que te propongo.

Ejercicio metafórico práctico:

Cuando escuches esa voz, veas ese pensamiento que pasa por tu mente, toma conciencia de este de manera imparcial. Es decir, no juzgues ni

condenes lo que oyes y piensas. Sencillamente, déjalo pasar. Sé testigo de él. NO «vivas» con él.

Al fin, amigo mío, ya tienes control sobre tu mente.

Imagínate esta situación:

Concéntrate durante unos segundos, después de algunas respiraciones, en un pensamiento que te pase por la cabeza o que hayas provocado tú mismo a conciencia en este momento. ¿Es bueno? ¿Es malo? ¿Cuánto tiempo le voy a dedicar mi plena atención? ¿De qué me sirve? ¿Es útil? Otra forma de decirlo: ¿qué siento?, ¿qué me transmite al concentrarme en él?

Siente lo que te transmite ese pensamiento. Por favor, hazlo. Como podrás comprobar, este ejercicio guarda una estrecha relación con el poder de sentir, que viste anteriormente. La diferencia radica en que en este ejercicio dejas pasar sencillamente los pensamientos que aparecen por tu mente.

Una vez realizado, será tu decisión dedicarles el tiempo que quieras.

Nota: El pensamiento puede ser de todo tipo. Lo recomendable sería centrarse en los buenos pensamientos y dedicar el menos tiempo posible a los negativos.

«Somos lo que pensamos». Albert Einstein

Ten por seguro que esta conducta de enfoque en tus pensamientos, resta calidad a la atención, a la concentración, a tu vitalidad, tan necesarias para estar al cien por cien todos los días.

Imagínate que estos son de carácter negativo, repetitivos y conllevan un empeoramiento de tu estado interno, castigándote con fuerza y dando lugar al padecimiento de obsesiones y estados neuróticos.

«Al luchar contra la angustia uno nunca produce serenidad; la lucha contra la angustia sólo produce nuevas formas de angustia».

Simone Weil

Estimado compañero, no he inventado nada, ni estoy reivindicando méritos propios. Simplemente, me he inspirado en grandes hombres y mujeres, de los que he aprendido su sabiduría, la he puesto en práctica y la he compartido contigo en este libro, para que seas tú el próximo número uno en ventas. De ahí, la creación de esta primera escuela sobre la Venta.

«Si he logrado ver más lejos, ha sido porque he subido a hombros de gigantes». Isaac Newton

***Advertencia:**

La mente puede ser provechosa o convertirse en tu peor pesadilla. Sé consciente de esta realidad. Adquirir este poder te dará muchos quebraderos de cabeza, ya que es un agudo aprendizaje adiestrar tu mente de manera correcta y convertirla en una poderosa aliada. Créeme, ciertos pensamientos volverán a ti una y otra vez, más si son una obsesión, una preocupación o una dolencia, y te harán dudar de estas enseñanzas. Estarás expuesto a continuos retos a ti mismo. Tu mente estará

engañándote de forma continua para volver al pasado y empujarte hacia el futuro. De ahí la extrema importancia de los capítulos mencionados con anterioridad que hacen referencia a tu preparación mental, tu voluntad, tu motivación y tu afán de superación personal.

«Las mayores dificultades del hombre empiezan cuando puede hacer lo que quiere».

Thomas Henry Huxley

- Tercer Poder. **Agradecimientos:** Dar las gracias.

Aunque este poder te pueda parecer banal e insignificante, así como la pregunta de si te gustaría levantarte con una buena cara cada mañana, estimado lector, esta apreciación esconde un significado realmente asombroso. ¿Serías capaz de adoptar el hábito de mirarte al espejo y sacar una linda sonrisa al despertarte? Este es el poder tan extraordinario que te brindará el sentirte agradecido.

Dando las gracias con asiduidad, estarás, metafóricamente hablando, invocando de modo voluntario al universo, para que juegue de tu parte. Créeme, hay tantos motivos para estar agradecido. Eres una persona realmente afortunada, ¿lo sabías? Aunque te resulte imposible aceptarlo, esta realidad existe. Aunque hubieras preferido tener más dinero, más belleza, ser mejor a la hora de vender, siempre habrá algo por lo que dar las gracias. Por tener **un lugar donde dormir**, por tener **ropa para vestirte**,

por **haber desayunado**, por tener **agua caliente en la ducha, por comer al mediodía**, por tener **buenas amistades**, por tener **buena salud**, por **las personas que te rodean** y **te quieren**, etc. Realmente, ¿no hay algo en ti, aunque sea mínimo, por lo que puedas sentirte agradecido? Reflexiónalo.

Estos agradecimientos te serán de gran apoyo moral cuando las cosas te vayan mal, cuando la situación te resulte complicada, angustiosa, dificultándote seguir subiendo los escalones de tu vida. Aunque vivas el peor día de tu existencia, aparezcan dudas existenciales, te encuentres en una etapa de bajo rendimiento personal y profesional,... aprende a dar las gracias. Por algo pasan las cosas. **Aprender a dar las gracias por vivir.** Incluso cuando te sientas bien, entusiasmado, cuando percibas que estás en el buen camino, cuando tengas buenos resultados y vayas cumpliendo tus ventas y metas. Da gracias a la vida cuando presientas que vas ascendiendo en todos los aspectos, gracias por tu fuerza interna, gracias por tus nuevas aptitudes, por las que estás trabajando con este libro y por las que ya tenías previamente. Date las gracias por **tener la debida voluntad,** que te está llevando a experimentar una plena satisfacción mientras palpas los estados que te producen la superación personal. Dame las gracias a mí y a la gente que te rodea. **« ¡Gracias Franck, por enseñarme cómo ser mejor!»**

«La suerte favorece sólo a la mente preparada».

Isaac *Asimov*

<u>**Ejercicio práctico:**</u>

Cuando atravieses una etapa de tu vida minada por el desánimo, la desesperación, el abatimiento, la frustración y cuando percibas que las cosas no pueden ir a peor, adopta el hábito de decirte: **esto también pasará.** Esta simple frase esconde un gran significado e impulsa al sosiego, a la confianza y a la fe. A la vez que la empleas, agradece esos acontecimientos para encontrar esa fuerza que te caracteriza. **«Gracias por retarme con valentía y otra vez a mí mismo.»** Cuando te encuentres en esas épocas transitorias, etapas de pasos metafóricos entre tu situación actual y tu estado deseado, cuando tus nuevas conductas, tus nuevos patrones se vayan aposentando en tu nueva personalidad, también da las gracias. **«¡Gracias por sentirme vivo!»** Este estímulo provocará dentro de ti, por tu convicción, el afán de acabar con tu desánimo pasajero. De forma sistemática, tu actitud se convertirá en proactividad, en portadora de emociones óptimas para tu consecuente resurrección, como el Ave Fénix. **«Gracias por volver a sentir de nuevo esta experiencia».** El agradecimiento altruista además de endulzarte el corazón, te será muy útil para seguir con esperanza y sosiego con tu misión. Precisamente este poder será el aliciente a lo largo de tu superación personal y dominio de ti mismo.

Gracias a la Vida.

<u>Canción de Violeta Parra</u>

- <u>Cuarto Poder</u>. **Visión:** Utilización de todo tu potencial.

¿Sabes de verdad lo que quieres en esta vida? Sin discernir de forma apropiada esta premisa es prácticamente imposible lograr lo que anhelas.

Es primordial tenerlo claro desde el principio e identificar con total precisión el objetivo. Para ello debes proyectarte de un modo consciente hacia el futuro mediante metas a corto, medio y largo plazo. En este caso en concreto, el concepto tiempo va a ser un elemento diferenciador notable en la utilidad gracias a este poder. Con el ejercicio que te muestro a continuación y con la ayuda de tu mente, de tu subconsciente y de tus anhelos, vas a trazar tu plan de vida para así subir los escalones.

Al principio te parecerán utopías difíciles de alcanzar, pero con el tiempo, el trabajo, la perseverancia y la fe, los acontecimientos de la vida te guiarán de manera instintiva hacia la consagración. Bienvenido, amigo mío, al mundo mágico denominado Vida.

Cuando tengas las cosas bien claras, definidas, y estés listo para conseguir tus objetivos y anhelos, no tardarán en aparecer las señales, las vivencias que te indicarán que estás en el buen camino. Créeme, las cosas llegarán por sí solas de manera milagrosa, en el momento adecuado, y cuando menos te lo esperes, los sueños llamarán a tu puerta. A pesar de vivir momentos delicados, superar complicados obstáculos, irás, metafóricamente hablando, zigzagueando por la senda de tu vida: sabrás rodear y evitar los problemas. La culminación llegará con la madurez psicológica.

«La gloria de los grandes hombres debe medirse siempre por los medios que han empleado para adquirirla». <u>François de La Rochefoucauld</u>

Saber lo que quieres te mantendrá en vilo, en evolución permanente; con la ayuda de tu nueva preparación, ya nada ni nadie podrán apartarte de tu camino.Te habrás convertido en un ser con afán de superación perpetua, sediento de victoria, de ventas constantes. Serás una persona incólume. Recuerda, amigo mío, ten humildad. Utiliza todo tu potencial. Para ello, te proyectarás en tres fases temporales y así irás trazando el camino deseado acorde a tus sueños.

«Es preciso saber lo que se quiere; cuando se quiere, hay que tener el valor de decirlo, y cuando se dice, es menester tener el coraje de realizarlo».

Georges Clemenceau

Ejercicio práctico:

Coge un papel, un boli y responde a estas preguntas. Recuerda: máxima concentración y realismo. Estas metas tienen que ser plausibles. Los siguientes interrogantes te servirán para averiguar lo que quieres y por qué lo quieres.

Metas cortas: ¿Qué quiero lograr hoy? ¿Esta semana? ¿Este mes?

Es importante proponerte unas metas cortas para así crear el apropiado hábito de formular y cumplir objetivos.

Con estas preguntas y con el deber de llevarlas siempre a cabo, irás forjándote el carácter imperioso y entrar en la dinámica de *El Número 1 en Ventas.* Irás dinamizando la motivación, la constancia, la perseverancia a altos niveles, para así formalizar lo propuesto. Para ello y, sobre todo al principio, deberás marcarte pequeños retos para ir ganando confianza,

imponerte metas cada vez mayores e ir *in crescendo.* Esos pequeños logros del comienzo, te permitirán reforzar tu voluntad y serán un incentivo al ver que estás cumpliendo tus fines de acuerdo con tus *timmings.* Al principio te costará mucho llegar al final de tus metas pero, como bien sabes, lo bueno cuesta.

Preguntas tipo:

Mañana, ¿cuántas visitas voy a organizar con clientes potenciales?, ¿cuántas llamadas tengo que realizar?, ¿qué objetivo quiero cumplir?, ¿cuántos clientes quiero obtener este mes? Anota en un calendario esos objetivos día a día, semana a semana, mes a mes y ve a por ellos. No bajes los brazos pues con la voluntad, la seguridad en ti mismo y un poco de fe, lo lograrás. Créeme que sí. La disposición lo es todo, amigo lector. Es una herramienta poderosa.

¿De qué virtud quiero apoderarme este mes? ¿Qué venta quiero cerrar este mes? ¿Qué asunto me gustaría arreglar esta semana? Y por supuesto, ¿qué debo hacer para conseguirlo?

«Cuanto más alto coloque el hombre su meta, tanto más crecerá».

Friedrich Schiller

<u>Metas a medio plazo:</u>

¿Cómo me veo dentro de cinco años?

Amigo, quizá no lo sepas, pero esta pregunta la suelen realizar con frecuencia las personas de los departamentos de Recursos Humanos a la hora de contratar a un futuro empleado. Te cuestionarás qué sentido tiene esta pregunta. Es bien simple. Esta interrogación psicológica sirve para descubrir tu disposición, tu ambición. Tu posterior argumentación revelará tu personalidad y de esta manera la persona que te interroga, será capaz de discernir de una forma aproximada tu perfil.

Quizá jamás te la hayas realizado. Te recomiendo que te la plantees seriamente, pues será de grandísima ayuda para realizar este valioso ejercicio. Expláyate en tu diario. Utiliza tu imaginación. Sírvete de todos tus sentidos. Dime, ¿qué quieres ser de mayor?

Preguntas tipo:

¿Cómo me gustaría ser dentro de cinco años? ¿Qué trabajo me gustaría tener? ¿Cuáles son las condiciones que quisiera obtener? ¿Qué bienes materiales quisiera poseer? ¿Cuánto quiero ganar? ¿Qué habilidades deseo? De aquí a cinco años, ¿dónde me gustaría viajar?

Después de haber visualizado tu vida en estos próximos cinco años, tu mente se centrará en tus sueños de manera consciente, llevándote a la consecución.

Aunque pueda parecerte ridículo imaginar tus respuestas, este simple descubrimiento te permitirá encontrar sentido a tu vida y saber cómo te

gustaría que fuese. Sé audaz. Créate una película, la tuya, y plásmala en tu *wish board*. Si no sueñas, amigo mío, nunca encontrarás lo que hay más allá de tus sueños.

Nota: Prémiate después de un logro.

<u>Metas a largo plazo:</u> *Wish Board* y la Cajita de los Sueños.

Querido amigo, las prácticas que siguen te servirán esencialmente para proyectarte en el futuro a largo plazo, y asentar tus anhelos y metas deseadas para tu vida e ir expresándolas en tu propio tablero de sueños.

Junto a la Cajita de los Sueños, esta increíble herramienta la aprendí durante mi larga estancia en México, la cuna, entre otras culturas, de la metafísica, del misticismo y de las medicinas alternativas.

Ejercicio práctico: Tu *Wish Board*.

Ahora pasarás a la preparación y a la elaboración de tu *wish board*. Este divertido ejercicio consiste en plasmar en un tablero de madera, por ejemplo, todos tus sueños, tus deseos, tus anhelos. Muchas veces no quieres revelarlos por miedo a pasar por un loco, sentirte avergonzado y parecer un soñador empedernido. Este no será el caso. Adelante. Diviértete.

Llévalo a tu pancarta.

Recorta de revistas y periódicos imágenes y palabras que representen tus sueños y pégalas en tu *wish board*. El soporte deberá tener una base sólida de madera para que puedas visualizar tus sueños durante muchos años. Estás en tu derecho de colocar todo lo que quieras, en función de tu ambición personal, de tus aspiraciones, dentro del marco

posible y alcanzable. Recuerda que la imaginación es ilimitada. Disfrútala. Piensa en todos los logros que ha alcanzado la humanidad hasta el día de hoy en campos tan diversos de la ciencia. ¡Bendita imaginación!

«Todo lo que una persona puede imaginar, otros pueden hacerlo realidad».

Jules Verne

Hazlo, amigo.

Puedes anhelar felicidad, ser el próximo número uno en ventas, tener una familia, poseer un cuerpo esbelto, una isla, un avión, viajar a la luna, cultivar virtudes, convertirte en padre, obtener una nueva ocupación, un puesto de trabajo que siempre has soñado desempeñar o envejecer tal como deseas (pegando la imagen de tu referente anciano). También puedes colgar imágenes de los bienes materiales que anhelas poseer, las palabras claves con las cuales te gustaría verte identificado... En definitiva, ve recortando fotos, palabras, números, etc., que te hagan pensar en esos sueños. Este *wish board* será íntimo, personal.

Una vez formado tu *wish*, colócalo en un lugar en donde puedas verlo cuando te plazca o si quieres que sea la primera cosa que veas al despertarte, ponlo frente a tu cama.

Nota: Cuando recortes las fotos, las imágenes, las palabras, los números... y realices el correspondiente *collage*, presta atención a lo que haces. Será muy útil el apartado siguiente, que habla del poder de la visualización creativa, a la hora de imaginarte tus sueños cumplidos antes de pegarlos en tu *wish*.

<u>**Ejercicio práctico:**</u> La Cajita de los Sueños.

La Cajita de los Sueños es otra práctica con la que se obtienen resultados garantizados, en un plazo más reducido que el tiempo que el *wish* requiere y en la que también podrás incluir tus deseos. Créeme, te sorprenderá.

A final de año, coge una cajita, cualquiera es buena, y escribe en unos papelitos todo lo que quieras obtener, dóblalos y ve introduciéndolos en su interior. Desde aprender un determinado idioma, conocer a alguien especial, desear el restablecimiento de un ser querido, un capricho, un viaje, etc.

Durante el año en curso, podrás ir añadiendo deseos nuevos. Es fundamental que no abras la cajita hasta el final del año, fecha en la que la abrirás y leerás tus anotaciones. Seguidamente, romperás los papelitos con los sueños cumplidos durante ese año, añadiendo otros nuevos y la repondrás con los que aún no se hayan cumplido. Así año tras año, de forma sucesiva. Quedarás atónito por los resultados encontrados con la práctica de este ritual. Créeme, estimado lector.

«Nunca desistas de un sueño. Sólo trata de ver las señales que te lleven a él». Paulo Coelho

- <u>Quinto Poder</u>. **La Visualización Creativa:** Ganar antes de empezar.

Querido lector, ¿has oído hablar alguna vez de la visualización creativa? No le voy a llamar ciencia pero es una técnica muy poderosa que al conocerla, una vez captada su esencia, y practicarla, cambiará de forma drástica tu vida.

Gracias a este arte los atletas rusos, que fueron grandes conocedores y pioneros en esta aplicación, se erigieron durante décadas como los mejores atletas. Este poder fue su secreto, hoy considerado como un complemento espiritual al entrenamiento físico: el entrenamiento mental.

Una imagen mental condiciona o genera el cambio en el cuerpo, en la mente y en tus patrones más arraigados.

A modo de resumen, radicaría en cómo te gustaría verte, ser y estar antes de la labor que vas a emprender. Volviendo a esos famosos atletas, ellos se visualizaban antes de las competiciones, a través de la recreación de la actitud elegida, con la ayuda de los cinco sentidos.

Imagínate que eres un culturista participando en una competición de halterofilia. Además de haber realizado un entrenamiento riguroso y una óptima preparación física, vas a visualizar previamente tu competición levantando una barra de 250 kilos, viéndote transpirando, notando cómo resbalan unas gotas de sudor por tu cuerpo, sintiendo tu propio olor en ese momento, viendo al público ponerse en pie aclamándote por tu victoria, oyendo tus propios gritos emitidos por la dureza del esfuerzo, sufriendo tu dolor muscular al izar la barra por encima de tu cabeza, sintiendo el tacto

frío de esta y alzar el trofeo recordando todos los sacrificios que has superado para convertirte en el campeón. Es decir, estás empleando los cinco sentidos: la vista, el gusto, el oído, el olfato y el tacto. Y estás viéndote ganar.

Querido amigo, esta técnica la puedes realizar en cualquier momento, situación o circunstancia. Imaginarte tal como te gustaría. Lo puedes poner en práctica antes de tus entrevistas, de tus cierres, de tus negociaciones, en tus citas, en tu trabajo, en tus *timmings*, con tus objetivos... Imagínate el antes, el durante y el después victorioso con la ayuda de tus cinco sentidos. Esa es la actitud ganadora.

«Gané la guerra antes de empezarla». *El Arte de la guerra* Zhang Yu.

Cuanto mejor sea la recreación, cuanto más realista sea, ayudado por la visualización y la implicación de tus cinco sentidos, mayores serán los logros.

«La imaginación es más importante que el conocimiento».

Albert Einstein

Nota: Ojo, quizá todos los detalles que te puedas imaginar no se cumplan, pues encontrarás factores que no dependen de ti. Lo esencial es que te dispongas de tal manera que tu finalidad sea realista y cumplas con el propósito que te hayas marcado.

«Hay que querer hasta el extremo de alcanzar el fin; todo lo demás son insignificancias». Fiodor Dostoievski

- Sexto Poder. **Comunicación:** La efectividad.

La persona que tiene más habilidades comunicativas es aquella que sabe escuchar mejor, que escucha con los ojos y con todo el cuerpo.

Hay estudios del comportamiento que han demostrado científicamente que el cuerpo reacciona y se ve influido por el estímulo que recibe del exterior. La comunicación no verbal es más reveladora y portadora de información que la verbal, por mucha oratoria y elocuencia que puedas tener. Visualizar una película de *Charlie Chaplin* puede ser la manera más sencilla de entender este tipo de comunicación. Esto lo volverás a ver en el último capítulo, sobre la Venta y sus técnicas.

Muchas veces, la Venta se rige en un noventa por ciento de los casos por la escucha atenta, por la observación del sujeto para descubrir las necesidades del cliente potencial. El diez por ciento restante radica en el empleo de las palabras acertadas para cerrarla.

Ejercicio práctico:

Cuando acudas a un lugar público (una cafetería o una biblioteca, por ejemplo) párate a observar a las personas que te rodean. Observa con detenimiento las reacciones que tienen, provocadas por la ley de causa-

efecto, los estados anímicos que estos interlocutores van experimentando durante el proceso comunicativo. Fíjate bien en cómo influyen estos estímulos en el cuerpo de cada uno de los participantes de manera individual. Mira las facciones del rostro de esa persona en concreto, la posición de sus manos, la de sus piernas; puede que esa persona esté nerviosa, impaciente, enfadada, amenazada, sienta hambre, se encuentre sola o interactúe en mayor o menor grado en un grupo. En definitiva, constituye el estudio que nos permite percibir el estado de las personas que analizamos.

Este ejercicio reside en comprender y sentir lo que está pasando en una situación concreta a lo largo de su desarrollo. Cuando llegues a dominar esta herramienta, en cualquier sitio, momento y circunstancia de la vida diaria, serás capaz de descifrar el arte de interpretar la comunicación no verbal. En concreto, esta parte del ejercicio será la parte culminante del poder de sentir.

«Para conocer al hombre basta estudiarse a sí mismo; para conocer a los hombres se precisa vivir en medio de ellos». Stendhal

La comunicación efectiva es otro poder que te dotará de una cualidad excepcional a la hora de fomentar y obtener relaciones exitosas con tu entorno.

Ten presente que, para que la comunicación sea eficiente, tiene que existir un equilibrio entre la agresividad y la pasividad, adaptada a cada contexto. Ha de ser idónea en todo momento, fundamentada y adaptada a cualquier situación. La calidad de esta dependerá de manera directa de la forma en que transmitas lo que sientas y el *feedback* que desees.

En primer lugar, deberás aprender a distinguir cuándo, dónde, cómo y con quién estás tratando, a la vez que te interiorizas para sentir cómo te encuentras tú en ese momento. Durante ese intercambio, pregúntate lo que te transmite esa persona con la que estás hablando, y siente el efecto que está provocando en tu interior esta situación. Serás consciente de tus reacciones internas y de forma instintiva, en ese *feedback*, sentirás el estado de la otra persona.

Recuerda el poder de sentir. Ese procedimiento te conducirá a adoptar una postura empática, receptiva, en sintonía con tu contrincante, mostrándole tu disposición al diálogo y la negociación para el bien de ambos. Esto se traducirá después para ti en una Venta.

En el Capítulo 2 de mi obra sobre la Profemocionalidad y la efectividad comunicativa, en la que hablo del yo, verás que hay que aprender a expresar lo que sientes, piensas y deseas, argumentando lo que quieres, hablando desde tu yo. Amigo mío, la finalidad del intercambio con tu sujeto es compartir. A través de tus peticiones tienes también que hacerle partícipe de esta interacción de manera activa, donde esa persona sienta que tiene una postura relevante. De esta manera, le estarás transmitiendo que es importante para ti y que muestras verdadero interés en esta relación, tanto profesional como personal. Indícale que estás dispuesto a contribuir al bien común y que tienes la intención de cooperar, de afianzar una relación y que se convierta en sólida y verdadera. Lograrás tener esa capacidad de mirar con buenos ojos al otro aunque te resulte desagradable.

Recuerda que el respeto a la integridad, a tus sentimientos, a tus emociones, a tus creencias, a tus opiniones y a tus derechos es tan importante como el respeto a los de la persona que tienes en frente. La

eficacia de esta comunicación tiene que ser, metafóricamente hablando, una danza entre tu yo y su él, que han de converger en un nosotros. Un *win to win* como esencia de la negociación que verás en el siguiente poder de a continuación. Si nos centramos demasiado en nosotros mismos, nos olvidamos del otro.

De ahí que, a la hora de comunicarte con un ser humano, con tu cliente potencial, tienes que ser consciente de que todo influye. Debes procurar eliminar las interferencias, vigilando tus impulsos emocionales y controlarlos, así como las incongruencias y el desinterés. Deberás tener una máxima atención, un extremo cuidado, velando en todo momento por que la comunicación sea correcta y apropiada a tu fin.

También deberá ser:

- Clara: que no haya lugar a interpretaciones distintas de la que quieras transmitir.

- Precisa: específica y ausente de ambigüedades.

- Preventiva: que no perjudique a nadie, incluyéndote a ti.

- Alcanzable: para el sujeto no ha de ser una quimera.

- Positiva: carente de negaciones o negatividades.

- Respetuosa y cordial: no olvides que lo que se da, se recibe.

A modo de referencia, citaré al filósofo Horacio y a su obra literaria *El arte de la oratoria*. La esencia de este libro se fundamenta en la importancia de adaptarse al sujeto durante el proceso comunicativo, igual que si fueras un espejo. Según él, es relevante adoptar una similitud en el dialecto, en el vocabulario, en las formas, en el comportamiento corporal, que sea empático con el individuo para estar en perfecta sintonía. Generar una situación de igualdad y semejanza. Esta sabiduría será sustancial en todas tus relaciones. Volverás a leer acerca de *El arte de la oratoria* de Horacio, en el paso 2 del Capítulo 5, que trata sobre las técnicas de Venta.

A la hora de enfrentarte de un modo adecuado a una preocupación que sientas, a un malestar provocado por una queja y que debas transmitir a tu cliente, sea un pensamiento o un acto incómodo o delicado, deberás comunicarlo mediante esta técnica que expongo en el siguiente ejercicio, y que está resumida en cuatro etapas.

«Sólo un hábito puede dominar otro hábito». Og Mandino

Ejercicio práctico:

<u>1ª</u> etapa: **Debes definir el problema y exponerlo.** Debido a tus falsas creencias, pensarás que una situación delicada con un cliente puede suponer una misión arriesgada para ti, incluso peligrosa.
Exponer una queja, una sugerencia, un malestar, puede traer consigo una verdadera cárcel emocional y este supuesto conflicto puede ser perjudicial

para ti. En este caso puedes tener el pensamiento de que cuentas con todas las de perder. Por miedo a transmitir tus sensaciones e impresiones al cliente, te aferras a tu carácter dejando escapar esa gran oportunidad de afianzar la relación con él, en vez de abrir el corazón y mostrar tu lado más humano. Con el tiempo y la procrastinación, este malentendido dará lugar a una pérdida recíproca de confianza, a una degradación lenta de la relación. Por esto se procede a concesiones y bajadas en el precio.

Es un error garrafal y muy común, amigo mío.

Tienes que aprender a definir el problema y exponerlo. Es muy importante centrarte en la actitud que vas a adoptar, en la conducta que vas a tomar durante tu actuación para manifestar lo que te haya molestado. Y tienes que evitar, obviamente, criticar a la otra persona con juicios improductivos. Tus críticas se referirán exclusivamente a tus actos.

<u>2ª etapa:</u> **Expresa lo que has sentido y sé valiente.** Intenta comunicar cómo te has sentido a raíz de la conducta de tu cliente. Con un tono calmado, sin dramatizar, ni presuponer intenciones en el otro, sin elaborar sentencias ni provocar el ataque. Debes seguir siendo respetuoso. Como es lógico, dejarás también al sujeto que se exprese con respecto al problema, permitiéndole que exponga también su punto de vista y así, podréis compartir y contrastar vuestra información.

<u>3ª etapa:</u> **Me hubiera gustado.** Atrévete y toma el hábito de decir a tu cliente el modo en que te hubiera gustado que se desarrollase la situación. Comunícale tu malestar, especificando la conducta que hubieras preferido que se adoptara; en positivo, sin presionar al cliente ni exigirle, pero sí ofreciéndole varias alternativas.

4ª etapa: **Ayúdale para que no vuelva a ocurrir.** ¿Qué he hecho? ¿En qué medida he contribuido yo a que se dé esta situación? ¿Qué podría hacer o dejar de hacer para que no se repita? Eso ayudará a crear un diálogo constructivo, al mismo tiempo que cada uno asume las responsabilidades que pueda tener, demostrando que pones interés en el asunto, y que tu disposición es buena para el funcionamiento de la relación.

«La sociedad sería una cosa hermosa si se interesaran los unos por los otros». Nicolas Chamfort

Estimado lector, aprende a compartir tus impresiones, tus conductas, tus sensaciones, tus emociones. Estas son parte de la condición humana. Igual que las de tu cliente que, además de ser la fuente de tus ingresos económicos, sigue siendo un ser humano.

«Los que obran bien son los únicos que pueden aspirar en la vida a la felicidad». Aristóteles

- Séptimo Poder. **Negociación:** *Win to Win.*

Una Venta puede ser una parte esencial de una negociación, y su éxito o fracaso dependerá exclusivamente de ella. En primer lugar, es fundamental que haya un interés mostrado por las partes para llegar a un pacto. El éxito radicará en transmitir la sensación de que ambas saldrán ganando con el acuerdo mutuo que adopten o con el de todos los integrantes que

participen. Recuerda que la actitud lo es todo y que tu mente jugará un papel fundamental durante el proceso así como los demás poderes.

La negociación parte del fundamento de la debida y necesaria diferenciación del problema expuesto por una parte y por otra, independientemente de la situación personal de los integrantes. La jerárquica profesional no cobrará relevancia. El jefe y empleado estarán en el mismo plano. Es personal. Para ello, será necesario utilizar los poderes ya vistos - el de sentir, el de la comunicación efectiva- para averiguar de forma empática los puntos de vista de la otra parte. Es imprescindible hablar sobre ti, de tu postura en ese asunto, de tus quejas, de tus emociones, dejando a un lado a terceras personas.

Sabemos que cada persona tiene sus intereses propios en una negociación e intervienen en ella los elementos más poderosos, como las necesidades básicas del ser humano, la seguridad, el bienestar emocional y económico, el control sobre uno mismo, el reconocimiento... Hay que ser consciente de ello, ya que estos principios serán fundamentales y habrá que tenerlos en consideración. Recuerda que el hombre necesita tener esas partes de su existencia cubiertas.

De ahí que sea básico comunicar los tuyos, tus propios intereses, junto a las razones que los motivan. Deberás reconocer que el beneficio del otro integrante será parte del problema y tendrás que manifestar cuáles son tus conclusiones y propuestas.

Para ello, tendrás que fomentar la idea de generar opciones mediante la colaboración del sujeto, y así encontrar una ganancia mutua. De esa manera, este podrá ser partícipe de este *brainstorming* y ver que tienes buena fe para cerrar un contrato que beneficie a ambas partes.

La finalidad será la de seleccionar las respuestas posibles y transformar esta interacción en un interés, en unos objetivos en común. Deberás ayudar a tu oponente a conseguir nuevas instrucciones.

Es importante centrarse en criterios objetivos durante la negociación para fomentar la credibilidad requerida y exponerlos de forma razonable. La búsqueda de esos principios será la base de la argumentación, y será sustancial proponer unos cuantos criterios pertinentes para evitar hacer concesiones sin fundamentos. De este modo, no habrá presión que valga ni consentimientos.

Recuerda, amigo mío: no puedes llegar a un acuerdo que en circunstancias normales, deberías rechazar. Para ello, deberás armarte de valor y proponer un pacto razonable para solucionar esta delicada situación. Estarás en tu derecho de barajar la oferta de tu contrincante y compararla con la mejor propuesta realizada hasta el momento.

Se puede dar el caso de que el sujeto no quiera entrar en el juego, y tenga planeado algo que te pueda descuadrar. De ahí, la relevancia de tu anticipación estratégica para centrarte en lo que el otro pueda hacer. Es posible también que necesitéis un intermediario para mediar en el conflicto y lograr un buen acuerdo en caso de no haber llegado antes a nada concreto.

«No podemos negociar con aquellos que dicen, "lo que es mío es mío y lo que es tuyo es negociable"».

John Fitzgerald Kennedy

«Don Braulio, ¡bien sabemos que el interés es mutuo en esta alianza y le hago una propuesta que no podrá rechazar! Sus importaciones de Australia suponen para nuestra compañía una gran inversión y, en consecuencia, una importante financiación. Bien sabe que es un gran riesgo asumir esos millones de euros, pero confiamos en usted y apostamos en nuestra colaboración inicial. Como puede ver, nuestra voluntad y nuestro deseo es ayudarles a que sean los mejores en su sector, y esto es lo que nos lleva a asumir este reto.

Usted quiere que financiemos los aranceles e impuestos aquí en España de sus importaciones así como el precio del transporte, con unas condiciones de pago a 90 días desde la fecha de la factura por *confirming*.

Le propongo una rebaja en el precio del transporte del 10% por operación pagado este a 30 días desde la fecha de la factura, y los impuestos y aranceles a 60 días. Ambos por transferencia bancaria. Por favor, Don Braulio, repase el contrato y firme aquí».

- **PREÁMBULO. <u>Servicio y Producto:</u>** Diferenciación

<u>Servicio:</u>

Como decía mi papa, «en la venta de un servicio se vende viento». No hay nada tangible.

Para vender, «hay que dejar huella» en el cliente potencial. Recuerda que este cliente recibe un sinfín de *emails* publicitarios, una multitud de visitas al día, llamadas incesantes de vendedores como tú.

En este tipo de Venta, el cierre de esta, puede demorarse varios días, incluso semanas, por el mero hecho de que interfieren otros conceptos: pasar un presupuesto, la anulación del antiguo servicio anterior al tuyo, la instalación, la programación... Sabemos que todo es relativo y que, si tu actitud se ciñe a vender en el acto, tu misión será la de obtener de tu cliente potencial una señal evidente, un presupuesto, una petición formal antes de tu partida. Cuando vuelvas a contactarle en el proceso del seguimiento, el secreto residirá en que tu cliente potencial se acuerde de ti a raíz del anclaje que creaste en su día durante tu visita. Con este procedimiento, deberás fomentar una dinámica de comunicación, de interés mutuo y un deseo de colaborar juntos cerrando así una primera

operación a modo de prueba. Tienes que ser perseverante hasta conseguirlo.

<u>Producto:</u>

En la Venta de un producto, la actitud será exactamente la misma a la del servicio y con el mismo propósito: la propia Venta.

Sin embargo, en el caso del servicio, la Venta deberá producirse en el acto. Es decir, en el momento y durante tu *speech.* Dejar que el cliente lo piense en frio y darle tiempo es como jugar a la ruleta rusa. Es probable que el cliente vuelva a contactarte y te compre. Las técnicas para vender las verás en el siguiente paso.

Amigo lector, como comprenderás, en ciertos casos no será posible esta Venta por razones obvias. No es lo mismo vender una aspiradora que puede costar unos miles de euros, que una planta fotovoltaica, que es de un valor incalculable. Ahí entrarán múltiples factores que no dependerán de ti, como negociaciones donde intervienen más contrincantes y las diferencias sociales, culturales, conceptuales y lingüísticas que difieren de las tuyas. Antes de cerrar una de estas operaciones pueden pasar meses.

Por supuesto, sigue siendo relativo ya que, si tu actitud se ciñe a vender en el acto, tu misión será la de obtener una señal evidente y formalizada del cliente antes de tu partida. En tal caso, tendrás que seguir con la debida confianza, la correspondiente perseverancia y tu intachable afán de cerrar definitivamente la Venta.

Como podrás comprobar, estas diferencias entre estas dos modalidades son dispares en el desenlace pero coinciden en un punto: la Venta. Todo puede ocurrir. No hay imposibles. En ciertos casos, en función de la naturaleza de lo que vendas, deberás usar la lógica y calibrar el momento final.

La máxima, amigo mío, reside en estar volcado con los cinco sentidos en tu cliente, sea la Venta de un producto o la de un servicio. En definitiva, cumplir tu cometido.

«El secreto de no hacerse fastidioso consiste en saber cuándo detenerse».

<u>Voltaire</u>

- **PASO 1** <u>**Acción:**</u> Salir a vender.

«En la vida como en los negocios, debes vender a la otra persona lo que eres, lo que tienes a la venta».

<u>Warren Buffet</u>

Antes de emprender este segundo paso de la Venta, tienes que tener claro lo que quieres cumplir, para realizar la acción debida. Debes tener presente que se aprende experimentando, intentando y probando, una y otra vez hasta ganar.

Aquí te presento un modelo neurológico para ganar en eficiencia en tu acción:

«La acción no debe ser una reacción sino una creación».

Mao *Tse-Tung*

Actitud - Precisión en la acción.

Amigo mío, salir a vender es fundamentalmente una cuestión de actitud. Ahí está la diferencia entre un vendedor y un excelente vendedor. Es elemental que seas consciente de la actitud con la cual vas a visitar a tu cliente potencial, de lo que le quieres transmitir, de la confianza en ti mismo y en tu producto o servicio.

Es sustancial que tomes una conducta adecuada con respecto a lo que vendas, a lo que quieras difundir y cómo lo quieras hacer. Plantéate una pregunta antes de visitar a tu cliente: ¿a qué vengo aquí? A vender, ¿no crees? Créeme, la determinación contagia. Cuando creas lo suficiente en tus aptitudes, en tus cualidades, el cliente, con mucha probabilidad, también se sentirá seguro a la hora de contratar tu servicio o de comprar tu producto.

«La confianza en sí mismo es el primer secreto del éxito».

Ralph Waldo Emerson

Economía de recursos: Máximo rendimiento u óptimo resultado con el mínimo esfuerzo.

Debes aprender a economizar el tiempo, la energía y las técnicas para que los resultados sean más eficientes. Recuerda que la calidad lo es

todo. Tienes que intuir el poco interés que pueda tener un cliente a raíz de su comportamiento. En caso de desinterés, encontrarás el momento adecuado para tornar su estado en favorable para la Venta. Debes averiguar si este cliente puede llegar a ser bueno ahora, a medio e incluso a largo plazo, para así, si es tal el caso, emplear todas tus fuerzas. Debes saber si es interesante y en caso contrario, debes pensar «*next*» y pasar a la siguiente visita. Hay que reservar esas preciosas fuerzas para el momento clave. Es fundamental hacer lo que hay que hacer, en el momento que corresponde, en el lugar adecuado con y para las personas precisas. Ser consciente de lo que se hace «aquí y ahora».

Eficacia: No vayas a perder eficacia por economizar demasiado.

Tienes que conseguir la Venta. Pero antes de acudir a la visita, deberás recopilar la máxima información sobre la compañía para evaluar las probabilidades de éxito. Mediante informes, páginas webs, tu primera toma de contacto, la impresión previa a la cita con la persona de contacto, etc. Estos serán elementos fundamentales para determinar el interés. Lograrás discernir los componentes que te ayudarán a comprobar si tu producto o servicio puede encajar en las necesidades de tu cliente.

Una vez inmerso en el campo de batalla, tu implicación deberá ser total, tanto mental como física. Todo lo que hayas aprendido a lo largo de este manual, deberá utilizarse en cuestión de minutos. Así, podrás sentir si hay interés por parte del cliente potencial y posibilidades reales de Venta o, por el contrario, preparar tu marcha de manera educada y respetuosa. Ganarás tiempo y lo ganará también la otra persona.

En caso de posible Venta, deberás dar lo mejor de ti, siendo eficiente en todas las etapas del proceso. Tu seguridad, tu valentía en el momento indicado, hará que saques el contrato y el bolígrafo para la firma definitiva de cierre.

Eso, amigo mío, es la efectividad a la cual me refiero. Ahí reside la clave. Eficacia y audacia. Atrévete a formular las preguntas apropiadas de cierre, dándole varias opciones, preguntándole cómo prefiere pagar, a nombre de quién irá el contrato... Este es el arte de formular preguntas.

Siente y actúa.

Supón que la compañía que visitas fabrica y vende hornos. Tu desinterés será evidente si tienes la intención de venderle placas solares. Excepto en el caso de que seas muy creativo y le puedas hacer imaginar un ahorro en sus gastos de electricidad para la fabricación de los hornos. Todo es posible. Pero es preferible que la Venta que vayas a realizar concuerde de modo literal con tu producto o servicio. Esta será más afín a tus intenciones, más segura y menos complicada. Recuerda: focalización.

Eso sí, quizá tengas curiosidad por visitar esta empresa. Se puede dar el caso de que este cliente potencial se convierta en un futuro cliente, en una puerta abierta a otro posible negocio. En ti estará la decisión de calibrar las posibilidades.

Conductismo: Hay unas serie de palabras clave que has ido viendo a lo largo de este libro y que son transcendentales. Deberás adoptarlas en todo momento en tu comportamiento.

En determinadas ocasiones, tu audacia, tu seguridad, te valdrán para romper los convencionalismos y estereotipos y ser pragmático con tu cliente. Deberás infundirle el convencimiento de que se sentirá mejor a raíz de la adquisición de tu producto o servicio. Tu cliente potencial tiene que tener claro que comprándote a ti, tarde o temprano, te agradecerá la Venta. Entrará en juego tu perspicacia y sutileza en los razonamientos empleados para llevar a tu cliente al uso de la lógica a corto, medio y largo plazo.

Esta actitud te podrá resultar agresiva, pero tienes que estar convencido del favor que le estás haciendo a tu cliente potencial con la Venta de tu producto o servicio. Tu misión está en este preciso instante en ayudarle a evitar problemas y preocupaciones en el futuro. Siempre guardando los buenos modales, por supuesto.

En ocasiones, debes romper los esquemas del sujeto, ayudar a tu cliente a vencer sus miedos, su indecisión y demás emociones negativas que le frenan y se interponen en tu Venta. Deberás ser correcto en todo lo que hagas y digas y ser consecuente con lo que has vendido.

«En la vida no hay premios ni castigos, sino consecuencias».

Robert Green Ingersoll

En el siguiente ejercicio, verás reflejado el modelo neurológico empleado en mi *speech* habitual, mediante tres fases para llegar al cierre. Como podrás comprobar, es una estrategia enfocada esencialmente a llamar la atención, obtener visitas y vender.

Este procedimiento está dividido en tres fases que guardan un orden cronológico. En él encontrarás tintes conceptuales inspirados en la Venta, en el *marketing*, en la comunicación asertiva y en la transparencia. A la vez podrás ver que te empujan a darte a conocer y demostrar tu profesionalidad, siendo coherente con tus palabras.

Como deducirás, en la Venta de un servicio prevalecerá la confianza, el talento y tu capacidad para crear un anclaje que enganche a tu cliente y se acuerde de ti. Recuerda que tu reputación, tu imagen y tu profesionalidad están en juego.

<u>Ejemplo práctico:</u>

- **<u>Primera toma de contacto:</u>** La llamada telefónica.

Gran parte de las veces estarás expuesto, a priori, al primer filtro antes de hablar con la persona indicada. Recuerda esta primera barrera. La secretaria trabaja en la empresa y posee un rol bien definido. Tienes que hacerle partícipe de tu interacción, induciéndole a pensar que tiene una gran responsabilidad en su cargo, para que así te pueda ayudar a llegar al segundo nivel, al segundo filtro. Comprométela con el bien funcional de su empresa. Es decir, sin decirle mucho, le dices todo.

Yo: Buenas tardes. ¿Me podría pasar por favor con la persona que lleve el **departamento** de Logística y/o Compras?

Filtro: ¿De parte?

Yo: Franck Pérez de la empresa X.

Filtro: ¿Para qué sería? ¿Le puedo ayudar?

Yo: Sí, claro. Le llamo porque estoy viendo en la página web de **la Cámara de Comercio,** «una entidad relevante» y aparece **su** compañía como exportadora e importadora. ¿Puede ser?

Filtro: Si la respuesta es afirmativa, seguimos con la dinámica. Si por el contrario es negativa, pasamos a la siguiente llamada.

Yo: Porque nosotros somos «nombre de la compañía» y llevamos ya **más** de **30** años en actividad, siendo pioneros en temas de Logística Integral y Transporte Internacional, y **quisiera** hablar con la persona que lleve el tema. Quizá **sea** usted.

En el caso de que no se encuentre la persona indicada, acuérdate de pedir su nombre y llamarla en otro momento. Si en este primer nivel te encuentras con muchas objeciones, y te piden que mandes un *email* de presentación, toma nota de este, así como del nombre de la persona a la que deberás dirigirte, para volver a contactar más adelante y preguntar por ella directamente.

Si sabes algo más de la empresa y crees oportuno volver a insistir, hazlo. Si no, simplemente pasa a otra empresa. Recuerda que te has propuesto unas metas, unos objetivos. Tu tenacidad y tu afán serán determinantes. Dependerá de ti, de tu elección el volver a contactar con ellos.

En este primer paso, la actitud ha sido de plena confianza, con un fin bien determinado, a la vez que has dado valor a la empresa contactada por aparecer como una entidad relevante. También has hecho partícipe al

primer filtro de un gran proyecto, otorgando importancia a su puesto de trabajo.

Pasado el primer filtro, le darás las gracias y alabarás su buen hacer. Ya puedes pasar al segundo filtro, el más importante.

«Si tanto me alaban, será por alabarse a sí mismos, pues al alabarme dan a entender que me comprenden».

Aristóteles

- **<u>Segunda toma de contacto:</u>** La conversación con la persona del departamento en cuestión.

Aquí debes saber lo que realmente quieres, el porqué de tu llamada, transmitiendo en poco tiempo todo lo que has aprendido, el tiempo que durará la conversación telefónica. Esta parte se denomina la primera impresión. Ese tiempo es de extrema importancia. Tu presentación, tu motivación, tu seguridad, tu educación, tus pausas entre las palabras más importantes, así como su entonación enfatizada, influirán en la obtención de la visita.

Yo: Hola buenas tardes, ¿estoy hablando con el **departamento** de Logística y/o Compras?

Filtro: SI (volverás a ver en el próximo capítulo sobre las técnicas de la venta la relevancia que tiene obtener un SI).

Tu: Mi nombre es Franck Pérez y le llamo de la empresa X. Me permito dirigirme a usted porque he visto en la página de la **Cámara de Comercio** «una entidad relevante» y aparece su compañía como exportadora y/o importadora. ¿Puede ser?

Filtro: SI. Así es.

Yo: Por cierto, ¿con quién tengo el gusto de hablar?

Filtro: Señor o señora Z.

Yo: Me permito contactar con usted señor/señora Z, **porque** nosotros somos la compañía X y llevamos ya más de **30 años** siendo **pioneros** en temas de Logística Integral y de Transporte Internacional. El motivo **principal** de mi llamada Don/Doña Z es que **QUEREMOS** trabajar con **ustedes,** pero **antes** quisiera presentarme. Por lo que veo en la página, están ubicados en la ciudad, ¿es cierto?

Filtro: **SI**. Así es.

Yo: Nosotros estamos ubicados en Y, pero **mañana** hago una visita a un cliente nuestro cuya oficina está ubicada en su zona. Si usted fuera tan **amable,** ¿podría concederme unos **minutitos** y así presentarme? ¿Qué le parece si nos vemos mañana a las 11: 00 horas?

Filtro: SI.

Si obtienes un **NO** por respuesta porque no puede, solicita otro día para volver a llamar. Tienes que darle la opción de volver a contactar un poco más adelante con él e informarle de cuándo estarás de nuevo por su ciudad.

Yo: Por favor, dígame la dirección donde se encuentran.

Filtro: Calle J.

Yo: Muchas gracias y hasta mañana. Un saludo Don/Doña Z.

Como ya hemos visto, en el primer filtro hay que decir todo sin decir nada. En este segundo procedimiento se crea el misterio, y la curiosidad se despierta en el sujeto. Además, como podrás comprobar, aquí tienes de nuevo los ingredientes que viste en el primer filtro. Le estás dando importancia a la compañía del sujeto, haciéndole partícipe de un gran proyecto, con una actitud ganadora, con seguridad en ti mismo. Este efecto se logra con la oración «**queremos** trabajar con ustedes». En esta ocasión, aparece un elemento crucial: el **SI**. De forma consciente, esas respuestas afirmativas del sujeto, denotan en él una actitud positiva, receptiva, junto a una cierta curiosidad por averiguar más sobre ti, tu compañía y tu servicio.

Estimado lector, ya vas a esta visita siendo ganador.

«Que siempre por señales o razones se suelen descubrir las intenciones».

<u>Alonso de Ercilla y Zúñiga</u>

En el caso de recibir dos o tres negativas por parte del cliente potencial, no insistas más y pasa a la siguiente compañía. Recuerda que debes aprender a economizar tu energía para el cliente oportuno que muestre interés.

- **<u>Tercera toma de contacto:</u>** La visita.

Ahora llegó la hora de la verdad. En primer lugar y para que quede claro: que el cliente te haya abierto las puertas de su compañía, constituye una muestra evidente de su interés y de una posible Venta. Como habrás visto a lo largo del libro y ahora te resumiré brevemente, los primeros segundos son fundamentales, desde tu entrada por la puerta de su despacho, pasando por tu ademán, tu sonrisa, tu vestimenta hasta tu apretón de manos firme, que expresa una gran seguridad en ti y en lo que le vas a vender. Todo influye. Acuérdate de la actitud de haber ganado la batalla antes de haberla emprendido.

Yo: Hola, buenas tardes Don/Doña Z, soy Franck Pérez de la empresa X. En primer lugar, quisiera darle las **gracias** por su **tiempo** y por la **oportunidad** que me brinda al darme a conocer ante su compañía. Como le dije, les conocí mediante la página web de la **Cámara de Comercio**, donde aparecía su compañía como exportadora y/o importadora. Como le dije, **queremos** trabajar con ustedes, pero me parecería oportuno conocernos **antes** de **comenzar** a trabajar **juntos**.

Nosotros somos X y llevamos más de **30 años** siendo **pioneros** en temas de Logística Integral y de Transporte Internacional. Somos una empresa mediana, **100%** española, con **varias** delegaciones en España, otras en ciertas partes del **mundo** establecidas estratégicamente, **tales** como China o Sudamérica, y con **presencia** en **todos** los países mediante agentes **exclusivos** de la compañía y **repartidos** por los **cinco** continentes.

Ante **todo**, **usted** se merece una **máxima** transparencia y sinceridad indicándole que **no** somos los más baratos del mercado ni

tampoco los mejores en todo, ya que si lo fuéramos, seríamos un *lobby*, un **monopolio,** y tampoco pretendemos serlo. Por la experiencia de **más** de **30** años, **preferimos** tener en nuestro activo **menos** clientes pero **sí** garantizarles una atención **personalizada**, un servicio **óptimo** en **todos** sus envíos. Obtendrá una información **constante y fluida,** a lo largo de la **trazabilidad** de la expedición en cuestión. Es decir, **desde** que sale el material **hasta** su debida **entrega**, dándoles **toda** la comunicación **necesaria** para que **ustedes** la puedan gestionar **eficientemente**. Bien se sabe que la información es **poder.**

Pero antes, dígame por favor Señor/Señora Z, ¿con qué países suelen trabajar ustedes?

Cliente: Solemos trabajar con los países árabes, USA y los países del viejo continente.

Yo: Bien. Está claro que mi labor como vendedor sería la de venderle **todo** y **más,** pero **no** es así. Yo vengo aquí a **venderle exclusivamente** los servicios a países que **dominamos**, donde nos avala **mucha** experiencia, donde **sé realmente** y de **antemano** que le seremos de **gran** ayuda.

Estimado señor/señora Z, en los países del viejo continente tales como Francia, Alemania, Bélgica... **no** nos consideran expertos ya que, nosotros estos servicios **en esos países** los **subcontratamos.** Como **usted** bien sabe, esta práctica es **muy** habitual y desgraciadamente **daña** nuestro sector. Este procedimiento consiste en la **subcontratación** de varios intermediarios. Al ser más de uno, el producto se ve expuesto desde su origen hasta su destino a multitud de variables. Por eso la **calidad** de la **información puede** verse afectada. Al ser dependientes de un tercero, si **nosotros** recibimos una información **errónea** y **confusa**, esta es la que le

vamos a transmitir. También, como es lógico, debido a esta práctica, sus materiales pasan por varias **manipulaciones, incesantes transbordos** y como usted deducirá, el **riesgo** es bastante elevado a la hora de **pérdidas** y **roturas.** Ese es el motivo **principal** de **no** gustarme vender **este** servicio. En caso de **necesitarlo, cuente** con que se lo **realizaremos.** Me parece **correcto** que usted lo sepa **previamente** antes de **trabajar** de forma conjunta.

Lo que **sí** le digo: yo vengo aquí a **venderle** aquello en lo que **realmente** somos **buenos** y **dominamos. Nosotros,** en **esta** modalidad que es en el transporte terrestre, somos **buenos** con **todos** los países que eran antiguamente del Este como **Bulgaria, Rumania, Polonia, Hungría, Georgia, Armenia, países bálticos,** incluida **Grecia.** Tanto en la **exportación** como en la **importación.** Disponemos de una línea **directa, semanal,** implantada desde hace **más** de **30** años que **servimos** con nuestros **propios** vehículos.

Aunque ustedes no trabajen **todavía** con estos países, **sí** nos interesa, caballero, la parte **aérea** y **marítima** de sus envíos desde/a los países árabes y USA ya que, **ahí** sí le podemos ser también de **gran** utilidad. Para su información, **nosotros** somos **desde** el año 2009, si me permite la expresión y como dirían los americanos, los *Number* **1** en **movimientos** de contenedores de la **PENÍNSULA.**

Queremos, anhelamos ser una pequeña **extensión** de su empresa, para que así **ustedes** puedan dedicarse a lo que es lo **suyo:** la fabricación y la prospección de nuevos mercados… que, con «nombre de la compañía» **nuestra** logística **está** garantizada. **Somos** conscientes de que la logística es

un sector **fundamental** en **cualquier** estrategia de empresa, de ahí que seamos **conscientes** también de la **relevancia** de nuestra labor. **Estamos** preparados para **trabajar** y **evolucionar** con ustedes. Por lo cual, tendrán a **su** disposición **una** persona asignada para **cada** departamento. Es decir, dispondrán de **una** persona **cualificada** para sus envíos en **marítimo, otra** por vía **terrestre** y **otra** por vía **aérea**. También **somos** agentes de aduanas y por eso **no** se tendrán que preocupar por la documentación **requerida** en las **distintas** modalidades, ni por los despachos de aduanas, etc.

Dígame Señor/Señora Z, ¿cuándo prevé realizar un próximo envío a esos países?

Cliente: No a la vista.

Yo: En mi tarjeta de visita, encontrará mi teléfono y mi dirección de *email* para que cuando **usted** necesite una cotización o **tenga** alguna duda al respecto en sus próximos envíos, **pueda contar** con nosotros. Nuestro **dogma** reside en **ayudar** a las empresas a **ser** o a **seguir** siendo las mejores en su sector.

Un placer, Don/Doña Z. Gracias por su tiempo, y que tenga un buen día.

Puede darse el caso de que en ese preciso instante, el cliente potencial tenga una necesidad de precio y te la comente:

Cliente: Pues es casualidad, pero tenemos un envío previsto para realizar dentro de dos días. Por favor, Franck, ¿lo podría cotizar?

Yo: Claro que sí. Dígame por favor Don/Doña Z dónde tenemos que recoger este envío y dónde lo mandamos. Perfecto. Dígame por favor su correo electrónico y de manera inmediata le haré llegar su presupuesto.

Cliente: Tendrían que recogerlo en nuestras instalaciones situadas aquí en Madrid para llevarlo hasta el puerto de Miami, a unos 20 pies. Mi correo es logistica@miami.com.

Yo: Gracias Don/Doña Z y hasta pronto. Que tenga un buen día.

<u>Nota</u>: Las palabras en negrita significan una entonación más marcada y mejor vocalizada para marcar su relevancia. Lo verás de nuevo en el apartado dedicado a las técnicas de venta que habla de la comunicación verbal.

También este ejemplo va dirigido a la Venta de un servicio en particular, que viste en el Preámbulo.

Reflexiona y medita este ejemplo.

«El trabajo y la lucha llaman siempre a los mejores». Séneca

Querido amigo, creo que he recalcado bien con este ejemplo la actitud que debes poseer para ir a vender, la disposición que debes tener, la seguridad y la magnitud que recae sobre ti. Como comprenderás, me he centrado exclusivamente en mi *speech* para que te hagas una idea de la actitud. Sabemos que hay otras cosas igual de importantes, que has ido descubriendo al leer este libro, *El Número 1 en Ventas*.

- **PASO 2   Técnicas de Ventas:** El arte de vender.

«En la vida como en los negocios, debes vender a la otra persona lo que eres, lo que tienes a la venta. Las relaciones comerciales son como las personales: mejor iniciarlas demostrando interés en el otro y descubriendo sus necesidades, porque en última instancia nos vendemos precisamente para atenderlas.»

Warren Buffet

Bienvenido, estimado lector, a la culminación de *El Número 1 en Ventas.*

Hasta ahora has adquirido las bases mediante una preparación mental para dar paso ahora a la Venta formalizada. Las técnicas que vas a ver a continuación son destrezas aprendidas de los mejores vendedores, matizada por la sabiduría milenaria que he ido descubriendo y he puesto en práctica.

Te recomiendo, amigo mío, que vayas aprendiendo estas técnicas una por una y las practiques de forma unitaria. Con el tiempo y la experiencia, el juego de la Venta consistirá en combinarlas entre ellas, escogiendo fragmentos de cada una, formando otra tuya, para utilizarlas de manera espontánea y acorde a los requisitos de la Venta.

Querido vendedor: al fin te toca jugar.

«He sido un hombre afortunado; en la vida nada me ha sido fácil».

Sigmund Freud

<u>**Nota:**</u> A partir de estos ejemplos que te doy de mis situaciones, tu trabajo será recrearlas a tu estilo y plasmarlas en tus ventas. Lo primordial es que captes el mensaje, la esencia de cada una, y las reflejes en tu proceder profesional.

- La Venta empieza con el NO:

Estimado lector, lo realmente apasionante de la Venta empieza cuando obtienes un NO por respuesta. Las razones pueden ser múltiples debido al precio, a la economía del cliente potencial, a su claro desinterés, a la inutilidad evidente de tu producto o servicio respecto a su beneficio. Estos alicientes serán el detonante para dar lo mejor de ti y volcarte íntegramente en el proceso con los cinco sentidos.

La técnica adecuada en estas circunstancias será la de «dar la vuelta a la tortilla», vulgarmente hablando.

Después de un NO por respuesta del cliente potencial, esta sencilla técnica consistirá en dar la vuelta a la situación cambiando de tema. Es aconsejable que el tema al que se recurra sea ajeno a la Venta, para retomarla después con más ahínco. Este *modus operandi* despistará de forma intencionada al sujeto, relajando el proceso y al contrincante. En ese momento le podrás «pillar» desprevenido, y utilizarás sus objeciones a tu favor con el fin de inducirle al cierre.

En el caso de que el cliente reincida en el no, esta técnica valdrá para reanudar el *feedback* imprescindible en un proceso de Venta. Él se mostrará más humano, y revelará nueva información, nuevas necesidades y nuevas oportunidades de Venta.

Tras varios **NOES** seguidos, no pierdas más el tiempo y abandona el intento de vender. Eso sí, aprovecha la ocasión para que esta persona te aconseje algún familiar, amigo o conocido al que le pueda interesar tu producto o servicio, y vayas a visitarle con posterioridad. A pesar de no haber realizado la Venta tendrás nuevas posibilidades de vender y esta vez el futuro cliente será recomendado.

Situación: Venta de un producto o servicio.

Estás con el cliente potencial, y no quiere comprar manifestando desinterés con su negativa. Después de haber recopilado información fortuita, entrará en juego el uso de la razón y de la emoción por parte del sujeto:

«Dígame señor, ¿no le gustaría que sus niños sufrieran menos reacciones alérgicas? Acaso, ¿no le gustaría quedarse más tranquilo al saber que tienen un colchón libre de ácaros? ¿Realmente no apartaría dos euros al día por la salud de su familia?

Estimado lector, ¿no sacrificarías unos meses de tu vida para convertirte en el próximo número uno en ventas?»

- Recomendaciones:

Esta situación es el resultado de la anterior táctica, que consiste en ir recomendado por tu cliente fallido, incluso por tu comprador. Acudirás con ventaja ya que, ir recomendado por alguien crea confianza. Esto se puede repetir de forma sucesiva. Lograrás elaborar una agenda de clientes potenciales cada vez más extensa, y en consecuencia, tus probabilidades de éxito serán cada vez mayores.

<u>Situación:</u> Venta de un producto o servicio.

Al despedirte de tu cliente potencial, aprovechas el momento para preguntarle con educación y cordialidad si conoce algún familiar, amigo o conocido al que le pueda interesar tu producto o servicio:

«Gracias caballero por haberme atendido. Seguramente conoce usted a algún amigo, familiar o vecino que le guste la lectura, al que le puedan interesar nuestras increíbles ofertas literarias. Recuerde que, gracias a usted, estas personas además se verán beneficiadas de un gran descuento en sus compras. Dígame, por favor, ¿a quién me va a sugerir.

- La caricia. El antebrazo.

Antes de comenzar con esta técnica, quisiera hacer un paréntesis sobre ciertas costumbres rescatadas de otras culturas. Prácticas como esta que vas a ver a continuación no funcionan siempre, aunque estén probadas científicamente. Es decir, por razones ideológicas, no siempre es efectiva

esta técnica del antebrazo a la hora de pedir algo o a la hora de vender. Por ejemplo, para vender a nuestros amigos chinos o árabes, este procedimiento representaría una falta de respeto evidente, de mala educación, y esta acción te llevaría directamente al fracaso.

Sin embargo en Europa y en toda América Latina, la técnica de rozar o tocar el antebrazo provoca una reacción directa y positiva en el estado de ánimo del que la recibe. Este simple gesto influirá directamente en el receptor, en su comportamiento, y así se irá creando un clima de confianza, de apertura y de buena disposición. Amigo, este acto no cerrará la Venta del vendedor pero sí fomentará una relación de cariño con el sujeto. Es una muestra afectuosa, de calidez humana y exenta de simbología sexual. Recuerda que es un estímulo que complementa a las demás técnicas de Venta.

<u>Situación:</u> Venta de un producto o servicio.

Conducía yo el coche. Iba con mi jefe después de perder a un cliente, unos meses antes de las vacaciones, y en aquella ocasión, me atreví a poner en práctica este simple gesto. Le pedí a mi jefe unos días de reposo fuera de las fechas que me correspondían. Aproveché el simple hecho de coger un chicle que había cerca de la palanca de cambios de marcha; al mismo tiempo que le pedía esos días de descanso, le acaricié levemente y de forma intencionada el antebrazo para obtener mi propósito. ¿Fue una coincidencia?

- Utilización de las emociones:

Son conocidos los métodos que emplean los medios de comunicación a la hora de realizar campañas promocionales. Estas están enfocadas esencialmente a la utilización de las emociones para así informar, cubrir necesidades e incluso crear nuevas, con el fin de vender. Cobra gran importancia el uso apropiado y estudiado de las palabras, de las imágenes, de la música. En la fusión de todas estas herramientas destaca el mensaje de manera persuasiva y así, afecta emocionalmente al espectador. Es el *marketing* del siglo XXI. Es decir, descubrir las necesidades unipersonales.

Esta táctica de Venta consiste en despertar emociones en tu sujeto. Intenta descubrir el estado interno de tu cliente y actúa sobre él. El ser humano necesita consuelo, respaldo, sentirse seguro y con la conciencia tranquila.

<u>Situación</u>: Venta de un producto o servicio.

«Dígame, estimado Denis, ¿le gustaría que sus envíos se entregasen con éxito?, ¿que le dieran una información continuada en tiempo real de la trazabilidad de su encargo, con la documentación y trámites necesarios, de forma previa y debidamente cumplimentados? De esta manera, usted podría irse a casa con la mente en paz sabiendo que todo está controlado y disfrutar de su familia en total armonía. Don Denis, mi dogma es ayudarle a ser el mejor en su sector, y al mismo tiempo somos conscientes de que la logística es fundamental en cualquier empresa.

Al tener una línea directa con los países del Este, sus materiales no sufrirán tantas manipulaciones; tampoco harán repetidos transbordos; así, como bien sabe, el riesgo de roturas y pérdidas de sus materiales será mínimo. Estará informado en todo momento de cualquier imprevisto e incidencia

ocurrida a lo largo del trayecto y dispondrá de varias soluciones para solventar el asunto de manera óptima para sus intereses. Somos conscientes de nuestro deber, de nuestra gran responsabilidad ante su empresa, y estamos preparados para afrontar este reto. No somos los mejores en todo pero créame, con lo que hoy vengo a venderle...»

- Vender un sueño: decir lo que se quiere oír, ver y sentir.

Querido lector, tu discurso tiene que estar basado en palabras clave, convincentes, y tienes que expresar en todo momento una gran seguridad en ti mismo. Lo que estás vendiendo a tu cliente es algo único, personal, un producto o servicio que no volverá a encontrarse en ninguna otra parte; es exclusivo para él. Le hablarás a tu sujeto en función de:

- <u>Su mirada auditiva:</u> Este tipo de persona, utiliza en casi el 100% de los casos, su mirada auditiva. Es decir, se manifestará mediante el sentido del oído.

Propiamente dicho, si tu sujeto mira de reojo hacia su lado izquierdo mientras le estás hablando, este estará recordando sonidos de su pasado, momentos en los que por ejemplo escuchaba un discurso, oía un anuncio... De manera inconsciente, esta persona está asociando esos

recuerdos con lo que le estas vendiendo. Utiliza esta señal para hacerle recordar algo que tenga que ver con lo que le propones.

Sin embargo, si mira hacia la derecha, el sujeto está proyectándose hacia el futuro, y de alguna forma está relacionando tu discurso con lo que oirá después de que adquiera tu producto o servicio.

Nota: Ayuda a tu cliente potencial a que recuerde un lindo sonido, una bonita conversación, o bien trata de hacerle imaginar lo que dirán de él en su entorno, después de la adquisición de lo que quieres venderle. Mediante la palabra, le dirás lo que quiere oír.

<u>Situación</u>: Venta de un producto o servicio.

Entras en casa de tu sujeto y le ves de pie, manteniendo la mirada hacia la derecha. Interpretas que necesita escuchar un discurso alentador, que le haga imaginarse recompensado por su buena decisión al comprar tu producto o servicio.

«Estimado Don Pablo, hoy vengo a venderle lo que necesita para seguir estando al día de las nuevas tendencias del mercado, a nivel estratégico y comercial. Sabemos la relevancia que tiene renovarse, crear, inventar nuevos modelos de gestión para seguir siendo el número uno en el *ranking*.

Aquí le presento la solución a todas sus inquietudes intelectuales y profesionales. Le felicitarán por esta nueva adquisición. Mediante estos resúmenes de libros de últimas tendencias empresariales, podrá estar a la

última en cuestión de minutos a través de su oído. Estos libros de 600 páginas, resumidos en cinco minutos de audio, serán fundamentales, como usted bien sabe, para seguir estando en la vanguardia de su negocio y su sector. Con este sistema revolucionario, tendrá acceso a toda la información de una manera inmediata, renovada y constante. Ganará tiempo para estar con su familia, amigos y compañeros. Encontrará temas sobre gestión, *marketing*, finanzas, autoayuda, entre otros. Imagínese cuando asista a convenciones, congresos, y charlas de su gremio. Los últimos hitos empresariales de los que tratarán usted ya los habrá escuchado, antes que cualquiera de sus compañeros. Don Pablo, ¿no cree que es proactividad auditiva?»

- <u>Su mirada pensativa:</u> Este tipo de persona, utiliza en casi el 100% de los casos, su mirada visual. Es decir, se manifestará mediante el sentido de la vista.

Cuando tu sujeto, mire de reojo hacia arriba y a la izquierda mientras le estás hablando, estará recordando imágenes de su pasado, visualizando una situación, algún anuncio publicitario... De modo inconsciente, esta persona está ligando estrechamente esos recuerdos a lo que le estás vendiendo. Utiliza esta señal para hacerle recordar algo que tenga que ver con tu producto o servicio.

Sin embargo, si mira hacia arriba y a la derecha, tu sujeto se está proyectando hacia el futuro, está recreando cómo será su vida después de haber adquirido tu producto o servicio.

Nota: Ayuda a tu cliente potencial a que recuerde algo lindo, una bonita vivencia, por ejemplo, o trata de hacerle imaginar lo que pensará su

entorno después de la adquisición de tu producto o servicio. Mediante la palabra, le dirás lo que quiere ver.

<u>Situación:</u> Venta de un producto o servicio.

Mientras tú le estás hablando, tu sujeto mira hacia la izquierda; está recordando su pasado, cómo funcionaba posiblemente su logística antes de que tú aparecieras.

«Imagínese, caballero: va a poder vender con regularidad y total seguridad a todos los países del Este, llevando a término unas entregas seguras en el tiempo acordado, todas las semanas. Va a tener la certeza de que sus contratos, a nivel logístico, llegan a buen puerto. Créame, su cliente le felicitará por haber contratado al fin un transporte fiable, seguro, que respete sobre todo los tiempos de tránsito establecidos con anterioridad. Piense que todo fluirá como usted desea, nosotros recogeremos su material a tiempo para llevarlo a casa de su comprador y entregárselo. Nos encargaremos de realizar la documentación, los trámites necesarios para llevar a cabo nuestro cometido y así usted podrá ocupar su tiempo en realizar otras labores más rentables, e incluso, dedicarlo a su familia».

- <u>Su mirada *kinésica:*</u> Este tipo de persona, utiliza en casi el 100% de los casos, todas sus sensaciones, Es decir, se manifestará mediante las respuestas de su cuerpo.

Cuando tu sujeto mire habitualmente hacia abajo mientras le estás hablando, este estará centrándose en las sensaciones de su cuerpo. De manera inconsciente, esta persona está relacionando su cuerpo, con las

reacciones que le provoca la información recibida de su entorno. Esta persona es receptiva a las sensaciones que le transmitas. Deberás descifrar su comunicación no verbal, interpretarla y alimentarla para provocar en él las reacciones que a ti te convienen como vendedor.

Las expresiones de su cuerpo serán lo que caracterice a este tipo de personas. Fíjate bien si tu cliente potencial echa su cuerpo hacia delante, hacia ti, si tiene las pupilas dilatadas, expresando así interés, si tiene los brazos y las piernas cruzados y está a la defensiva, si está reclinado en su respaldo y muestra desinterés. Cuando te encuentres con esta última reacción, la de indiferencia, deberás «dar la vuelta a la tortilla».

Nota: Cuanta mayor seguridad, transparencia, sinceridad y buenas impresiones le transmitas, habrá más posibilidades de que decida adquirir lo que tú le quieres vender.

Situación: Venta de un producto o servicio.

El sujeto está reclinado en su asiento, con alguna duda, pensativo y algo aburrido. La persona muestra un leve interés por realizar ciertas preguntas, pero necesita algo más de acción y pasar al siguiente nivel.

«Sigamos, Elena. Hasta ahora ha visto nuestros puntos fuertes y nuestros *handicaps*. Volvamos al tema de la financiación. Sabe usted que en este sector seremos de gran ayuda a su compañía. ¿Cuáles suelen ser sus condiciones de pago? Nosotros, por dogma de empresa, exigimos que el primer pago se realice al contado, y luego llegamos a un acuerdo de negociación para el bien de ambas compañías. ¿Qué le parece el pago a 30 días a partir de la fecha de la factura?»

Querido amigo, si ves que tu sujeto tiene las pupilas de los ojos dilatadas, esta es la señal por excelencia de la consecución de una Venta. No dudes ni un solo segundo, y con delicadeza, procede directamente al cierre.

- La comunicación verbal.

Estimado vendedor, en función del estado interno de tu sujeto, la comunicación de este se verá afectada en la calidad, en el modo anímico y con ello deberás jugar a tu favor con la debida astucia. Esto lo viste en la técnica que hablaba de vender un sueño.

Que una persona exprese verbalmente una serie de preguntas, es una señal clara de interés vis a vis por lo que vendes. Esta parte la verás a continuación en la técnica poderosa de las preguntas.

Ten presente que tu tono de voz será elemental para vender. Tu entonación será el elemento clave para resaltar las palabras fundamentales mediante altos y bajos, puntos agudos en la voz... Así evitarás la uniformidad y la pesadez en tu discurso. Tendrás que dar también una especial relevancia a tus silencios, dejando caer unas milésimas de segundo después de pronunciar una palabra con fuerza; después volverás a tu voz original. Amigo, las palabras venden. Tu *speech* tiene que estar cargado de emoción, deberá denotar intensidad, seguridad, desenvoltura y viveza. Recuerda que para tu cliente potencial, la Venta

tiene que ser divertida e intrigante. Rememora las palabras en negrita del ejercicio práctico del paso 2, que trata sobre salir a vender.

La finalidad de esta técnica es que el discurso sea intenso, cargado de emoción y que haga vibrar al oyente y se mantenga en constante alerta. Tu presentación será más interesante y más amena cuando, a pesar de ser larga, tengas en vilo a tu sujeto.

«**Queremos** trabajar con usted pero me parece oportuna esta **primera** toma de contacto **antes** de realizar **esta** operación de forma **conjunta**»

<u>Situación:</u> Discursos.

Fíjate en los discursos previos a las campañas electorales que realizan los políticos para convencer a los votantes y les elijan como candidatos. También puedes observar a un congresista o a un científico tratando de dar relevancia a su discurso.

- Similitud: parte de la oratoria filosófica de Horacio.

Según Horacio, la oratoria, brevemente abordada en este libro en el apartado dedicado al sexto poder de la comunicación, cobra una especial importancia a la hora de adaptarse al sujeto. Como podrás

comprobar, guarda una estrecha relación con la técnica recién vista de la *kinesia* y de la comunicación no verbal.

La clave será adoptar de forma sistemática los mismos patrones gestuales y verbales que utiliza tu contrincante, para transmitir igualdad. Sin dar lugar a juicios, ni valorar su posición. Estimado compañero, la humildad entrará en juego igual que el aprecio a la otra persona.

Deberás también entrar en la misma frecuencia, en la misma vibración, en el mismo ritmo que tu sujeto. Para ello, tendrás que sincronizar su respiración con la tuya. Podrás apoyarte de manera visual en sus hombros cuando estos se levanten y se encojan. Amigo mío, habrás logrado estar en perfecta sintonía con tu sujeto que, obviamente, se sentirá más seguro y más a gusto.

<u>Situación:</u> Venta de un producto o servicio.

El sujeto está sentado frente a mí, con los dedos de las manos entrelazados encima de la mesa, con la espalda bien recta, respirando de manera pausada, con quince segundos de intervalo entre la inhalación y la exhalación. Esta persona emplea un extenso vocabulario, posee buenos modales y sus argumentos corresponden totalmente a su forma de ser. Transmite ser una persona segura de sí misma, sincera, transparente, y parece que está preocupado por cambiar de compañía de logística. Quiere reciprocidad, desea recibir lo mismo que él ofrece.

«Puedo ver, señor, que usted lleva muchos años trabajando con la misma compañía. Al ver las empresas con las que trabaja en estos momentos, entiendo que tiene por dogma personal rodearse de gente profesional. Y claro, comprendo que cambiar y contratar nuestros servicios, convirtiéndonos en su nuevo centro logístico, pueda causarle cierta

reticencia, un plausible miedo, una leve inseguridad. ¿Y qué pasaría si le ofrecemos unas mejores condiciones de financiación de sus operaciones, con mejores precios y un mejor servicio?

Como podrá ver, queremos trabajar con ustedes. Anhelamos ayudarle a que sean los mejores en su sector. Bien sabe que premiarán la transparencia, la sinceridad y el cumplimiento de mis palabras. Tal como usted me cuenta y puedo observar, quiere que su comportamiento y forma de actuar sean correspondidos en la misma medida. Le garantizo de antemano que estamos capacitados para cumplir con todas sus expectativas y sus necesidades, y en la forma que vaya surgiendo, mejoraremos en todo lo necesario para que cumplan con su misión a la vez que nosotros cumplimos con la nuestra. Póngame a prueba.

Dígame, ¿con qué país empezamos a trabajar?»

- El precio: del precio inaccesible al accesible.

Aquí te presento otra técnica psicológica y con grandes resultados. Aunque el precio de tu producto o servicio sea muy caro, cuando estés con tu cliente potencial insiste en que lo que le estás vendiendo supone una gran inversión. Con esta premisa, le causarás al sujeto un efecto de tranquilidad y podrá disfrutar de tu espectáculo. A lo largo de tu posible demostración y de tu discurso de Venta, el ejercicio residirá en encandilar al sujeto.

Te tienes que centrar a toda costa y en todo momento en lo que quieres hacer y provocar las respuestas que quieras recibir de tu potencial cliente con respecto a tu producto o servicio. Tu objetivo es vender ese sueño, partiendo de la base de que, aunque al sujeto le encante, lo pueda ver inaccesible. Por supuesto, cuando tu discurso de Venta haya acabado, esta persona quedará fascinada y es cuando aparecerá la otra cara de la moneda de esta sorprendente técnica: el precio. Será mucho más bajo de lo que le comentaste al comienzo. ¡Bingo! Cuando sepa tu cliente el precio real de tu producto o servicio, tendrá un *shock* y la sensación de que no es tan caro como parecía. Pensará que es accesible para él. Le parecerá una verdadera oportunidad, al poder contratar una financiación personalizada y adaptable a su economía. Créeme, quedará sorprendido. A partir de ahí, entraréis directamente en otra fase: el acuerdo de las condiciones de pago y la firma.

<u>Situación</u>: Venta de un producto o servicio.

«Estimado Don Jorge, quisiera advertirle de que lo que va a ver a continuación a través de esta demostración, le resultará realmente sorprendente. Quisiera ser transparente con usted ya que me ha brindado su confianza, y le corresponderé de la misma manera enseñándole esta revolución doméstica. No se haga muchas ilusiones pues el precio de este invento es excesivamente caro, y seguramente la adquisición de esta aspiradora represente para usted una gran inversión. Mejorará su calidad de vida y disfrutará de más comodidad.

Don Jorge, hoy vengo a venderle un aparato sencillo que le ayudará a ganar tiempo real, al que dedica usted ya suficientes esfuerzos. A partir

de ahora, sus tareas del hogar se convertirán, gracias a este invento, en un sencillo y divertido juego. Podrá comprobarlo usted mismo mediante mi demostración. Podrá ver todas las opciones, junto a los numerosos utensilios que forman parte esta increíble invención. Entonces comprenderá, Don Jorge, el motivo de su excesivo precio».

Cuando la persona le vaya cogiendo gusto, sienta sus necesidades cubiertas e incluso descubra unas que no imaginaba, le tienes que hacer unas preguntas que pueden parecer insignificantes pero que son muy poderosas: si la tuviera, ¿la utilizaría?, ¿podría destinar unos pocos euros al mes para comprar este aparato?, ¿invertiría en salud y bienestar para usted y su familia?

«Imagínese, Don Jorge, el tiempo libre del que dispondrá; podrá dedicarlo a la realización de otras actividades más placenteras. Sólo por unas simbólicas cuotas mensuales adaptadas a su economía, podrá beneficiarse de esta revolución tecnológica. ¡Imagínese! Dígame, Don Jorge, ¿dos euros al día le supondrían realmente una preocupación?

Dígame, por favor, querido Don Jorge, ¿a nombre de quién ponemos la aspiradora?, ¿al suyo o al de su esposa? Me ha dicho 35€ al mes, ¿verdad? Sepa que encontrará en este catálogo un teléfono de atención al cliente para cualquier duda, para el caso en que necesite reponer piezas de recambios, o para lo que usted necesite. ¿Es un regalo o es para usted? ¡Bien! Por favor, firme aquí».

- Crear una sensación de urgencia:

Generar una sensación de urgencia es increíblemente eficiente. El sujeto empieza a pensar que si no compra hoy tu producto o servicio, no volverá a encontrarse con esta oportunidad única que tú le estás brindando. Esta oferta no regresará y sería una lástima. Se le podrán presentar otras ofertas y seguramente serán mejores, pero le tienes que dejar claro que el momento de comprar es hoy y no mañana. Es sustancial generar esta sensación de que ese preciso instante es el momento, y dejar bien claro que puede perder una ocasión única que jamás volverá a encontrar. El sujeto tiene que entender que tal oportunidad ocurre una sola vez en la vida. Por ejemplo, aludir al final de la promoción o al agotamiento de existencias, de género...

<u>Situación:</u> Venta de un producto o servicio.

«Estimada Laura, es una oportunidad que no le volverá a ocurrir. Créame. Este ordenador ha tenido tanto éxito que se han agotado ya las existencias. La compañía ha dejado de fabricar este modelo y hoy es precisamente el último día. A partir de mañana, se comercializará uno nuevo, de calidad inferior, con unas características peores que este y menos eficiente. El valor se incrementará un 30% en todos los establecimientos. La oportunidad que le estoy proponiendo ahora es un chollo. Por este precio, sale usted ganando. Incluso puede que la empresa a la que pertenezco no obtenga beneficio con la proposición que le ofrezco. De este modelo que le traigo, quedan solamente 100 unidades disponibles en todo el territorio nacional y le quedan solo 3 horas antes del cese de esta promoción. ¡Aprovéchese! Dígame Laura, ¿cómo prefiere usted pagar: por transferencia bancaria o en metálico»?

- Usted es libre de… ¡Ofrece elección, libertad y seguridad!

La Venta agresiva puede ser una buena técnica pero tiene sus límites. La sensación que transmites al cliente potencial al emplearla, es la de tener la obligación de comprar. El cliente se verá sometido a una presión evidente y a un ataque gratuito a sus emociones. En consecuencia, estos comportamientos se reflejarán en un descenso de las ventas. Es algo lógico, que se cae por su propio peso. El sujeto no estará convencido al 100% y muchas veces, después de pensarlo en frio, puede que se retraiga.

Debes darle a entender que es libre de mirar en otras partes, de trabajar con la competencia. Al mismo tiempo que indicarle que lo que le ofreces es diferente y es la mejor opción. Esta técnica puede parecer «blanda» pero créeme, la finalidad es bien distinta. Estás brindando a tu cliente una sensación de libertad, le estás dando la posibilidad de elección para que compre libremente tu producto o servicio.

<u>Situación:</u> Venta de un producto o servicio.

«Dani, sabes bien que eres libre de trabajar con otras empresas que seguramente sean mejores que nosotros en otros sectores, pero créeme, en el tipo de producto o servicio que te vengo a vender hoy, somos los mejores, tanto en la relación calidad-precio como en nuestra capacidad para cumplir exitosamente con nuestro trabajo. Te garantizo que serás el mejor del mercado».

- Reuniones en grupo: Ventas mayores

Querido amigo, es una táctica sumamente sencilla de desarrollar y no supondrá mucho tiempo si te organizas bien. Con esta, realizarás un gran número de ventas. Es la planificación de una reunión en grupo. Con un poco de inversión, incluso sin ella, y dinamizando la idea, esta pauta de actuación se convertirá en la manera más eficiente de maximizar tus ventas. Por supuesto, el éxito será plausible dependiendo de lo que vendas, de la naturaleza de tu producto o servicio. Sé audaz. Estamos hablando de la organización de ferias, congresos, *meetings*...

Podrás crear tu evento en ferias, organismos y organizaciones. También lo podrás organizar mediante asociaciones de vecinos, portales de vivienda, etc. Deberás emplear los medios de comunicación adecuados para anunciar el acontecimiento (radio, prensa, etc.) y así preparar un evento con profesionalidad. Atrévete a organizar un acontecimiento que puedas llevar a cabo.

Puedes contar conmigo mediante mis redes sociales para aportarte, en caso de necesidad, alguna idea, y así ayudarte a establecer tu reunión.

Como en tu evento podrá participar más gente y llegará más público a conocer tu producto o servicio, las posibilidades de Venta serán mayores por ley de probabilidad.

La naturaleza humana es sencilla y, si alguien compra, su vecino, el que está al lado, puede contagiarse (a veces, animado por la envidia) y decidirse a comprar también. Tendrás que hablar con la persona indicada para realizar el evento y obtener los permisos. Trata de venderle también

el evento a este individuo, y crea la sensación en él de que, gracias a su ayuda, podrá participar en algo extraordinario y beneficiarse de ventajas y reconocimientos a su labor.

En este momento, recaerá en ti la creación del impacto para incitar el deseo de participar. Con un poco de astucia, creatividad, organización, planificación y ganas, harás venir a un buen número de clientes potenciales. Es muy conocida esta técnica, empleada por numerosas marcas de cosméticos que organizan reuniones en casas vecinas para comprar a domicilio. Como bien sabes, si un miembro compra, las ventas se desencadenarán. Está garantizado.

<u>Situación:</u> Venta de un producto o servicio.

Quieres realizar un evento para promocionar la lectura e invitar a la gente a que descubran el placer de leer. En esta asociación de vecinos, en la que están inscritas 1500 personas, tu propósito es el de vender libros de toda índole, a personas de todo tipo, gente de ambos géneros, con diferentes edades y gustos. Libros de cocina, de viajes, de deportes, de salud, de cuentos para niños, novelas... Así abarcarás un gran número de clientes potenciales. Dispones de una sala para el evento, donde toda esa gente podrá reunirse; lo habrás acordado previamente con el guardián de la asociación. A modo de publicidad, colocarás unos carteles para anunciar el importante acto.

«Estimado vecino, te invito a un *brunch* el sábado 15 de junio a las 18:30 horas, en el Salón de Actos de la asociación para que descubras las últimas tendencias en libros sobre gastronomía de fácil elaboración, el último grito en tecnología, los novedosos cuentos mágicos para niños, las

últimas tendencias de destinos predilectos para viajar a buen precio y durante todo el año; para los más deportistas, también encontrarás libros sobre deportes de moda, así como los últimos descubrimientos en salud para vivir de una manera más sana y durante más tiempo gracias a los recientes avances científicos. Todos estos libros los podrás adquirir a módicos precios, estimado socio. Habrá animaciones para los niños, juegos para los adolescentes y tertulias para los más audaces. Todas estas actividades son gratuitas. ¡Anímate! ¡Bienvenido!

Nota: Para más información, contacte al teléfono Q. y pregunte por Franck Pérez».

- Las preguntas. El poder de las preguntas.

El hecho de que el cliente potencial te haga preguntas, es una muestra evidente de su interés. Ni más ni menos. Es así. Cuantas más preguntas te haga, más querrá saber sobre tu producto o servicio. Podrás resolver sus dudas, apaciguar sus miedos, satisfacer su curiosidad y ser el desencadenante de una Venta.

Deberás calibrar tus propias preguntas a la hora de emitirlas. Al realizarlas, pueden intimidar o te puedes inmiscuir en la vida privada del sujeto. De ahí la importancia que tiene medirlas y hacerlas con una finalidad bien clara y de una manera casi inocente. Debes hacer preguntas oportunas, en función a las sensaciones que te transmiten los contrincantes, a sus emociones. Esta delicadeza te permitirá entrar en una dinámica de compartir una conversación, recopilar e ir recabando

información interesante para alcanzar tu fin. Mediante sus respuestas, sentirás lo que preocupa a tu sujeto y así, captarás sus necesidades y le brindarás tu ayuda, con tu producto o servicio en cuestión.

<u>Situación:</u> Venta de un producto o servicio.

El cliente potencial muestra interés en tu producto o servicio y después de tu *speech*, comienzas a averiguar algo más de esta persona: algún pasatiempo que tenga, su situación personal y profesional… Es decir, empiezas a interesarte por tu sujeto.

«Dígame Franck, ¿tienen salidas semanales?, ¿qué días son? Franck, el primer envío no lo puedo pagar al contado, pero ¿cabría la posibilidad de pagarle a 30 días? ¿Tendré una atención y seguimiento personalizados como usted bien dice? ¿Qué me ofrece, Franck?

Entiendo Mireya que tenga mucho trabajo y esté bastante estresada debido a su gran responsabilidad. La verdad es que a mí también a veces me cuesta desconectar pero, ¿qué suele hacer usted para combatir todo ese agobio? Quizá también a mí me pueda ayudar. La verdad es que no tengo mucho tiempo libre, a pesar de no tener hijos. Dígame Mireya, ¿usted tiene hijos?

Este año me tocarán las vacaciones en agosto y no sé dónde ir todavía. ¿Tiene usted un lugar predilecto que aconsejarme? El trabajo que desempeña usted es muy técnico y para ello se necesita mucha preparación, por lo que veo. ¿Qué estudios cursó?»

- El sí: encontrar el Sí.

Debes inducir al sujeto mediante debidas preguntas a que responda positivamente a estas. Es decir, debes obtener el SÍ como respuesta. Tres o cuatro síes seguidos son necesarios por parte de tu interlocutor para que se encuentre en un estado receptivo, positivo y con la disposición idónea para comprar. En este caso, en la compra de tu producto o servicio, a la hora de obtener por ejemplo una entrevista para realizar tu presentación en su despacho o vivienda, la palabra NO como respuesta tiene que ser evitada. Como su palabra indica, el NO es negativo y cuanto menos aparezca en tu comunicación, más positiva será en todos los sentidos.

Salvo en contadas ocasiones y como lo viste anteriormente en los ejemplos, esta locución puede emplearse de forma sutil para que el sujeto razone y su lógica empiece a funcionar. Obviamente también se utilizará para negar algo. Tienes que aprender a lidiar con esta locución tan poderosa.

También será sustancial que diferencies el propósito de la naturaleza de las preguntas. No es lo mismo realizar una pregunta cerrada donde recibas por respuesta una afirmación o una negación, que una pregunta abierta en donde el sujeto se pueda explayar. Ejemplo: ¿qué hará después de haber terminado con este libro?

<u>Situación:</u> Venta de uno producto o servicio.

«Amigo lector,

- ¿Te gustaría tener ventas constantes mes a mes?

- ¿Deseas vivir holgadamente con tus ventas?

- ¿Quieres convertirte en el próximo número uno en ventas?»

- El logro personal. Haz partícipe al cliente de algo extraordinario.

Debes transmitir al sujeto, mediante tu profesión y tu entrañable personalidad, la sensación de que si compra tu producto o servicio, está participando en una buena causa para sí mismo, para la sociedad, para ti, personal y profesionalmente hablando. El cliente potencial debe sentir que está también aportando su granito de arena a una gran obra y se está involucrando en algo extraordinario.

Por ejemplo, una parte de las ganancias que generará su compra, irá destinada a una ONG, a un banco de alimentos, a paliar la malnutrición, los efectos de una catástrofe natural... Por supuesto, estas tienen que ser reales, creíbles y estar demostradas de alguna forma. El cliente no es tonto y, querrá tener alguna prueba. O simplemente se fie de ti en un primer

momento, y más tarde pueda descubrir el engaño. Créeme, tu comprador te dará las gracias por haberle vendido tu producto o servicio.

<u>Situación:</u> Venta de un producto o servicio.

Fíjate: estás frente a una persona con la espalda recostada en su asiento, y notas que no está especialmente interesada en adquirir tu producto o servicio. Incluso, está con los brazos cruzados y muestra impaciencia al golpear sus dedos en la mesa, deseosa de que te marches.

«Gracias a su compra, estimada Gioa, a su implicación y a su ayuda, podré montar mi propio negocio en el que mi dogma y mi misión residirán esencialmente en inculcar valores basados en sabidurías milenarias. Mi filosofía partirá de palabras y actos regidos por la bondad, la autenticidad, la alegría, la armonía, la vitalidad, el equilibrio, la constancia, el respeto y la humildad; valores que, bien sabe usted, están desapareciendo en nuestra educación. Mediante la evolución personal, la utilización de todo el potencial del que cualquier ser humano dispone de forma innata, las personas serán capaces de sacar lo mejor de sí mismos. Enseñaré a través de esta metodología de *El Número 1 en Ventas*, el camino que debe trazar todo profesional en su interior para encontrar el equilibrio. Los directivos y los comerciales del mañana adoptarán virtudes bien distintas de las que la sociedad prodiga a día de hoy. Mi labor será la de formar, enseñar y poner a disposición las herramientas para evolucionar y ser más feliz.

Gioa, ¿sabe? Estas enseñanzas, estas palabras sabias y saludables que encontrará al leer este manual, me guiaron en mi evolución personal y profesional a lo largo de mi vida, aún joven. Con su ayuda, podré seguir por la senda que he trazado previamente para lograr mis sueños, casarme

algún día, y así poder continuar con mi evolución en todos los sentidos, a la vez que ayudo a la sociedad a ser más sabia, transmitiendo mis enseñanzas por el mundo.

Aquí le enseño, señorita Gioa, el método que le servirá para sacar todo su potencial, adoptar buenos hábitos y vivir la vida que siempre ha soñado».

- El arte de vender sin querer.

Aunque pueda parecer una contradicción (y de hecho lo es), amigo mío, esta es una de las mejores ventas que pueda existir. Sin querer vender nada, realizar la Venta. La finalidad de esta técnica radica en que el cliente potencial te compre a ti.

Perdóname esta pequeña intromisión y opinión personal, por la que te pido disculpas, pero muchas veces en esta vida se consiguen las cosas dándoles la espalda. Podría ser una ley universal, igual que la ley de la gravedad o la ley de la atracción.

Esto puede darse porque le hayas caído bien al sujeto, hayas congeniado con él a la perfección o hayas llegado justo en el momento indicado y este cliente busque casualmente lo que le has propuesto. El arte reside en realizar tu trabajo procurando emplear las emociones y sentimientos a conciencia, sintiendo el estado interior de tu sujeto a la vez que el tuyo y así se desarrollará la Venta por sí sola. La empatía, la calidez en el intercambio humano, el estrechar las manos, la incondicionalidad para crear una armoniosa relación, etc., son comportamientos que

provocarán esa situación. Así llevarás, de forma automática, a tu cliente potencial a la compra.

Esta técnica será la culminación de todas las enseñanzas que hayas aprendido con *El Numero 1 en Ventas*, y que hayas puesto en práctica. Será tu mayor regalo en tu profesión después de todos los esfuerzos emprendidos. Sí. Créeme: muchas ventas caerán por su propio peso y de manera natural.

<u>Situación</u>: Venta de *El Numero 1 en Ventas*.

«Estimado vendedor, muchas veces nuestra educación, nuestras creencias, la sociedad…, nos limitan la existencia y nuestro evidente potencial. Dime, ¿todavía guardas la esperanza de que una vida mejor es posible si realmente la anhelas?

Puedo entender que seguramente hayas llevado a la práctica conocimientos supuestamente eficientes, leído multitud de libros de autoayuda, estudiado una carrera o un curso, etc., y sigues con la sensación de que todo esto te ha aportado poco en tu vida personal y profesional. Eres consciente de que todavía te falta ese impulso para dar el último empujón a tu vida. Es una lástima que uno siga con la sensación de ser una oveja más en la manada, por miedo, por incertidumbre, por autocomplacencia o por impotencia ante la realidad impuesta por el destino. Por mucho que nos empeñemos y nuestro afán siga intacto, uno ya no sabe cómo hacer ni por dónde empezar para evolucionar, mejorarse a sí mismo y empezar realmente a vivir la vida que ha soñado.

El tiempo, la impotencia, las circunstancias… Uno da por hecho que vive la vida que le ha tocado, sin encontrar la manera de llegar al fin que desea ni sacar provecho del potencial existente en sí mismo.

¿Cómo evolucionar de tal manera y llegar a ese fin? ¿Es realmente una utopía vivir la vida que uno siempre ha soñado?

Seguimos sufriendo épocas de malas rachas en las ventas, por falta de motivación, un déficit en el afán de superación, y nos aventuramos a los caprichos eventuales. Estamos a la espera de que un gran acontecimiento suceda para vivir la vida que siempre hemos querido. Mientras tanto, siguen surgiendo incesantes dudas existenciales que provocan angustia y miedo. Es posible que nos falten recursos y tiempo, y que la rutina, las obligaciones y las responsabilidades nos impidan ver otra cosa fuera de nuestras posibilidades, de nuestra realidad. Ya no tenemos decisión sobre nuestro futuro, aspiraciones y sueños. Las creencias, los tópicos, los miedos, las limitaciones, la ignorancia impuesta por la sociedad, no nos enseña la manera de sacar todo el inmenso potencial que hay dentro de cada uno.

Estimado compañero, aquí te presento la guía que te enseñará a dar el primer paso, subir escalón a escalón, emprender las hazañas que te propongas y convertirte así en el próximo número uno en ventas. Insisto, tienes un potencial inmenso dentro de ti. ¿Serías capaz de explotarlo con eficacia? A mí me sirvió este método único en el mundo, ¿por qué a ti no?

Bienvenido al fascinante mundo de *El Número 1 en Ventas*.

Habremos sembrado gérmenes con lo aprendido y vendido sin querer.

Nota: Doy gracias a la Vida por haber escrito este libro.

«La vida no consiste en buscarse a sí mismo, sino en crearse a sí mismo».

George Bernard Shaw

Atentamente,

Franck Pérez. Fundador de AFP 

Para más información:

- **Blog:** www.elnumero1enventas.com

- **Mail:** info@elnumero1enventas.com